皖江口岸进出口物流协同联动发展研究

金泽虎◎著

GMSKWK

光明社科文库 GUANG MING SHE KE WEN KU

光明日报出版社

图书在版编目（CIP）数据

皖江口岸进出口物流协同联动发展研究 / 金泽虎著.
-- 北京：光明日报出版社，2019.3
ISBN 978-7-5194-5128-8

Ⅰ.①皖… Ⅱ.①金… Ⅲ.①进出口商品—物流管理—口岸管理—研究—安徽 Ⅳ.①F259.275.4

中国版本图书馆 CIP 数据核字（2019）第 040838 号

皖江口岸进出口物流协同联动发展研究

WANJIANG KOUAN JINCHUKOU WULIU XIETONG LIANDONG FAZHAN YANJIU

著　　者：金泽虎

责任编辑：李月娥　　　　责任校对：赵鸣鸣
封面设计：中联学林　　　　责任印制：曹　净

出版发行：光明日报出版社
地　　址：北京市西城区永安路 106 号，100050
电　　话：010-63131930（邮购）
传　　真：010-67078227，67078255
网　　址：http：//book.gmw.cn
E - mail：liyuee@gmw.cn
法律顾问：北京德恒律师事务所龚柳方律师

印　　刷：三河市华东印刷有限公司
装　　订：三河市华东印刷有限公司
本书如有破损、缺页、装订错误，请与本社联系调换，电话：010-67019571

开　　本：170mm×240mm
字　　数：224 千字　　　　印　　张：14
版　　次：2019 年 6 月第 1 版　　　　印　　次：2019 年 6 月第 1 次印刷
书　　号：ISBN 978-7-5194-5128-8

定　　价：58.00 元

目　录

CONTENTS

第一章　基本概念界定、研究背景与研究意义 …………………………… 1

一、基本概念界定 …………………………………………………… 1

二、研究背景 ………………………………………………………… 4

三、研究思路 ………………………………………………………… 15

第二章　国内外研究成果述评 ……………………………………… 16

一、国内外港口物流研究述评 ……………………………………… 16

二、国内外区域物流研究述评 ……………………………………… 23

三、口岸进出口物流研究综述 ……………………………………… 31

第三章　皖江口岸进出口物流联动发展的理论支撑 ……………… 34

一、供应链管理理论 ………………………………………………… 34

二、协同理论 ………………………………………………………… 35

三、物流战略联盟理论 ……………………………………………… 36

四、增长极理论及其与皖江口岸进出口物流的关联 ……………… 38

五、产业集聚理论及其与优化口岸进出口物流的关系 …………… 39

第四章 皖江口岸及进出口物流联动发展现况 …………………… 41
一、皖江口岸进出口物流整体概况 ………………………………… 42
二、皖江口岸进出口物流综合环境 ………………………………… 44
三、皖江各口岸及进出口物流现状 ………………………………… 55
四、皖江口岸进出口物流的共性特点与作用 ……………………… 64
五、皖江口岸物流国际贸易“单一窗口”建设卓有成效 ………… 65
六、皖江区域口岸与域外联动的成就 ……………………………… 67

第五章 皖江总体及各口岸进出口物流现状的 SWOT 分析 ………… 69
一、皖江口岸进出口物流基本 SWOT 模型分析 …………………… 69
二、马鞍山口岸进出口物流 SWOT 分析 …………………………… 76
三、芜湖口岸进出口物流 SWOT 分析 ……………………………… 80
四、铜陵口岸进出口物流 SWOT 分析 ……………………………… 86
五、池州口岸进出口物流 SWOT 分析 ……………………………… 89
六、安庆口岸进出口物流 SWOT 分析 ……………………………… 91
七、合肥口岸进出口物流 SWOT 分析 ……………………………… 94

第六章 皖江口岸协同层次布局、进出口物流策略及其实证分析 … 97
一、口岸物流协同联动及其分类 …………………………………… 97
二、皖江口岸进出口物流协同发展策略的必要性和可行性 ……… 99
三、皖江口岸进出口物流协同目标定位和策略……………………… 103
四、皖江口岸协同的层次布局——基于聚类分析法………………… 105

第七章 上海市和江苏省口岸建设工作对皖江口岸进出口物流的启示与借鉴……………………………………………………………… 111
一、上海市和江苏省口岸建设工作基本情况………………………… 111

二、对皖江进出口物流业发展的启示…………………………… 122
三、可以给皖江进出口物流业的经验借鉴………………………… 125

第八章　未来预期与展望……………………………………………… 128
一、长三角通关一体化趋势及其对皖江进出口物流的促进……… 128
二、上海自由贸易港建设趋势及其对皖江进出口物流的促进…… 142
三、皖江区域自贸区设想及其进出口物流促进…………………… 161

第九章　皖江口岸进出口物流联动对策建议…………………………… 164
一、皖江口岸进出口物流协同联动的基本对策…………………… 164
二、政府层面的对策建议…………………………………………… 166
三、口岸企业层面的建议…………………………………………… 171
四、皖江口岸进出口物流整体战略及沿江口岸配套联动的对策建议
……………………………………………………………………… 176
五、皖江口岸进出口物流中心及合肥口岸建设的对策研究……… 183

结　论…………………………………………………………………… 192

附　录　案例：皖江芜湖港物流
——在链接“一带一路”中做特做大　………………………… 194

参考文献………………………………………………………………… 202

第一章

基本概念界定、研究背景与研究意义

一、基本概念界定

（一）口岸的概念及皖江口岸群的分类

口岸是指由国家指定对外经贸、政治、外交、科技、文化、旅游和移民等往来，并供往来人员、货物和交通工具出入国（边）境的港口、机场、车站和通道。简单地讲，口岸是国家指定对外往来的门户。其中，一类口岸是指由国务院审批，允许中国籍和外国籍人员、货物、物品和交通工具直接出入国（关、边）境的海（河）、陆、空客货口岸。二类口岸是指由国务院审批，允许中国籍人员、货物、物品和交通工具直接出入国（关、边）境的海（河）、陆、空客货口岸。

分类标准	口岸分类
批复权限	一类口岸、二类口岸
交通运输方式	港口口岸、陆地口岸、航空口岸
地理位置	沿海口岸、沿江口岸、沿边（边境）口岸、内陆口岸

仅就港口口岸而言，最新资料表明，皖江口岸群中有五个一类水运口岸（马鞍山、芜湖、铜陵、安庆、池州），一个二类水运口岸（合肥港）。皖江口岸鲜明的层次划分定位了本省进出口物流贸易方面的基本方向，也为安徽今后大口岸经济的“腾飞”作出铺垫。

（二）口岸物流

“物流”概念 1979 年从日本引入我国，直到 21 世纪其重要性才被社会意识到，被称为降低成本、提高效益的“第三利润源泉”。口岸物流（Port Logistics）亦被称为外贸物流或者进出口贸易物流，是指利用口岸货物集散的优势，以先进的物流服务基础设施、设备为依托，以进出口贸易和转口贸易为支撑，以现代信息技术为手段，以优化物流资源整合为目标，强化口岸周边物流辐射功能的综合物流形态。口岸物流的最大特点是换载、接驳货物。

1. 口岸物流的特点

涉及的管理机构多且相对集中：口岸管理工作中相当部分涉及国家主权，无论是检验检疫部门还是海关监管部门，均是在国与国之间进行贸易时所不可或缺的重要部门。

适宜进行规模经营与管理：多年的改革开放造就了口岸的发展与国际贸易相关产业的发展和壮大，也因物流规模的不断扩大和物流本身所具有的宏观及微观经济价值，使得在口岸地区进行物流经营和管理既存在物流管理本身的微观经济需求，也因物流管理可以降低口岸总体物流成本，提高进出口贸易的经济效益、进出口企业的国际竞争力。

效益对经济的影响比较大：以口岸物流活动的集中程度和较大的物流活动规模，加上口岸地区物流活动涉及内陆集疏运输、仓储、保税加工、通关、港口服务等多个环节和过程，口岸物流成本在整个对外贸易额中将占有相当的份额。

集中度较高：我国水路、陆路和航空口岸是开展对外经济和贸易的重要通路，进出口贸易均是在口岸实现的，物流规模相当可观，并且因货物通过口岸的时间、场所相对集中，无论是运输、仓储、通关还是保税、加工，均具有较大规模，这些工作环节都是物流活动的重要组成部分。

2. 口岸物流的功能

装卸功能：装卸搬运是影响货物流转速度的基本要素，专业化的装载、卸载、提升、运送、码垛等装卸搬运机械，可以提高装卸搬运作业效率，减少作业对商品造成的损毁。

堆场功能：集装箱堆场是现代港口不可或缺的部分，其服务主要包括备用箱储存管理、提箱及还箱服务、重箱堆存、集装箱货物查验以及拆拼箱。

仓储功能：仓储功能是指转运和库存的功能，具体是指为各种运输方式转换的临时库存和原材料、半成品和产成品提供后勤储存和管理服务。

运输功能：主要体现在货物的集疏运上，方式包括公路运输、铁路运输、水路运输，以及不同运输方式之间的转运功能，是一种能对港口内外腹地具有辐射服务的运输网络。

加工、包装、分拣功能：加工一般分为流通加工和组装加工，前者指黏贴标签，销售包装作业等，后者是指产品零部件的组装和满足客户个性化需求；包装分商品包装和运输包装，以及商品包装和运输包装的快速转换；分拣在货物合理存放的基础上实现客户的需求，进行快速分类。

配送功能：配送功能在库存仓储、存货管理的基础上为企业生产提供后勤服务，即时配送企业所需原材料、零配件等物料。

信息处理功能：包括物流信息处理、贸易信息处理、金融信息处理和政务信息处理等。

二、研究背景

经济在转型发展升级的过程中，资金、技术、商品、服务和人才等各种要素随着世界经济一体化加快了流动和配置，也对整个世界的经济架构重塑产生影响。其带来最明显的变化是全球性贸易与运输链正在逐步形成，运输链相关产业的加速发展使得物流逐渐成为一个快速发展的行业。物流产业的发展将物流全过程、各环节和各方面整合推动，并使其达到最佳状态，从而大大降低了有形物品与无形服务的流通成本，因此被称为企业降低物资消耗和提高生产率之外的利润源泉。

全球每个国家、地区的港口口岸通过其进出口物流形成一张国际进出口物流网络，具有多重组成形式。目前，进出口物流运输是以水运（海运与内河航运）为主，相关港口口岸成了关键节点。今后物流推进的趋势应该是水、公、铁、空、管道多式联运为一体，以简化中介环节和提升效率为目的，集运输、仓储、加工等工作的物流企业分工合作，形成一个大的整体，使得口岸进出口物流在开拓各类增值服务方面存在可能性和经济性。

（一）贸易便利化的大势所趋

随着多边、区域、双边和单边的协作及努力，影响国际贸易活动的障碍或壁垒正逐渐减少或被约束，各国的贸易制度日趋开放。而随着国际贸易规模的扩大和各国及地区贸易联系的加强，“贸易的非效率”作为一种“隐形”的市场准入壁垒日益受到众多国际组织、各国政府和贸易界的普遍关注，促使人们开始高度重视各种贸易管理程序的合理化。数十年来，许多政府间和非政府组织（如联合国贸发大会UNCTAD、联合国欧洲经济委员会UN/ECE、世界海关组织WCO、国际商会ICC、经济合作与发展组织OECD、国际货币基金组织IMF和世界银行等）一直在向实现更简便、更协调的国际贸易程序这一目标而努力，有关进一步减少和消除阻碍要素跨境流动的障碍、减低交易成本、建立高效的贸易便利体系等内容已成为多边、区域、双边经贸合作的重要内容。世界贸易组织（WTO）自1995年成立以来，也开始了对贸易便利化问题的全面考虑和专门分析，经过数年的酝酿和极富建设性的争论，各成员最终将贸易便利化作为“新加坡议题”中的唯一议题纳入“多哈发展议程”，谈判达成了共识。

贸易便利化一词在各种文献中已屡见不鲜，但迄今在世界范围内尚无一个被普遍接受的统一定义。WTO（1998年）和UNCTAD（2001年）都认为，贸易便利化是指国际贸易程序（包括国际货物贸易流动所需要的收集、提供、沟通及处理数据的活动、做法和手续）的简化和协调。OECD（2001年）对贸易便利化的表述是：国际货物从卖方流动到买方并向另一方支付所需要的程序及相关信息流动的简化和标准化。UN/ECE（2002年）将贸易便利化定义为：用全面的和一体化的方法减少贸易交易过程的复杂性和成本，在国际可接受的规范、准则及最佳做法的基础上，保证所有贸易活动在有效、透明和可预见的方式下进行。亚太经合组织（2002年）的定义是：贸易便利化一般是指使用新技术和其他措施，简化和协调与贸易有关的程序和行政障碍，降低成本，推动货物和服务更好地流通。

尽管各自的表述有所不同，但基本精神是一致的，即：简化和协调贸易程序，加速要素跨境的流通。近年来，人们更多地从广义的范围（即影响贸易交易的整个环境）来考虑贸易便利化问题。在实践中，各种促进贸易便利化的措施大都体现在通过贸易程序和手续的简化、适用法律和规定的协调、基础设施的标准化和改善等，为国际贸易活动创造一个简化的、协调的、透明的、可预见的环境。因此，贸易便利化涉及的内容十分广泛，几乎包括了贸易过程的所有环节，其中海关与跨境制度是问题的核心，此外还包括运输、许可、检疫、电子数据传输、支付、保险及其他金融要求、企业信息等诸方面。很显然，商品与要素跨境的进出口物流产业的联动与协同是贸易便利化的重要内容之一。

（二）长江经济带通关一体化的要求

1. 长三角区域通关一体化改革的背景

长三角区域经济一体化是地缘经济快速发展的高级形态，有利于相关地区和产业在更大范围、更深程度参与国际分工与经济竞争合作。长江流域横贯我国东中西部，连接东部沿海与广大内陆，对外贸易频繁，优势得天独厚，发展潜力巨大。打造长江经济带，对于有效扩大内需、促进经济稳定增长、调整区域结构、实现中国经济升级具有重要意义。从沿海起步先行、溯内河向纵深腹地梯度发展，是发达国家的建设经验，也是我国经济发展的现实需要。依托黄金水道推进长江经济带建设，有利于加强长三角“龙头”与中部“龙身”、西部“龙尾”的相互支撑、良性互动，打造我国经济社会发展新的增长极。

其中，长三角区域通关一体化改革是在长三角都市经济圈经济一体化过程中至关重要的综合性社会配套改革，不仅是海关等政府通关管理部门顺应区域产业分工布局和现代物流运作模式、推动贸易便利化、提高通关效率、降低企业通关成本的理性选择，也是通关管理体制改革中转变政府职能、优化治理模式、提供公共服务、健全市场机制、促进社会发育的必然结果。“区域通关一体化”是指通过打破现有地区性通关壁垒和边界的社会综合改革，以探索建立海关等部门协调型、集约式、便利化通关管理模式为先导，规范统一政府通关管理行为、推动产业合理分工布局、促进区域内相关非政府组织等主体可持续发展，进而形成与区域经济形势和社会结构相适应的现代化新型区域通关管理关系。海关深化监管制度创新，积极推进长江经济带的通关一体化进程，形成“多地可通关、多关如一关”的通关新格局，将有利于促进长江经济带生产要素跨区域自由流动，进一步发挥市场在资源配置中的决定性作用，促进长江经济带地区经济协同发展。

上海自贸区成立以来，海关总署已经推进了多项制度创新。这一系列改革的最直观效果，就是通关效率的大幅提升。如海关通过实施通关无纸化作业，推动口岸实施海关和检验检疫“一次申报、一次查验、一次放行”监管试点；推动更加便利的海关监管制度、拓展海关特殊监管区域保税功能，以及实施更加便利的检验检疫制度等。一旦自贸区的监管创新在长江经济带复制推广，也就意味着整个长江黄金水道的通关能力将大幅提升。

为了深入贯彻落实党的十八届三中全会要求，认真落实党中央、国务院关于依托黄金水道建设长江经济带的重大决策，紧跟时代的步伐，推动区域经济协调发展的战略，2014 年6 月5 日，海关总署在上海召开了“依托黄金水道推动长江经济带发展，推进区域通关一体化”座谈会，正式委托由上海海关牵头长江经济带上海、南京、杭州、宁波、合肥、南昌、武汉、长沙、重庆、成都、贵阳、昆明这 12 个海关，共同研究推进长江经济带海关区域通关一体化工作。

本次改革以秉承执政为民的工作理念，执法为民为出发点和落脚点，充分尊重市场在资源配置中的主导地位，尊重企业的自主选择与物流运作规律，进一步推动简政放权、转变职能，深化管理改革、不断创新，加强长江经济带海关之间的优势互补、错位分工、资源共享与执法联动，提升关区之间“信息互换、监管互认、执法互助”的水平与海关把关服务效能，实现严密监管与高效运作的统一，努力为广大进出口企业创造更加公平公正的进出口环境，推动长江经济带区域协同发展。

2. 长三角区域通关一体化建设进程

2005 年 11 月 21 日，在海关总署的统一部署下，长三角地区的上海、南京、杭州、宁波四个直属海关共同启动了长三角区域通关改革试点。即对守法企业实施“属地申报、口岸验放”模式，打破了原有的海关关区限制，使跨关区通关作业程序从“两次申报、两次放行”方式，转变为“一次申报、一次放行”，消除了因关区设置而造成的物流障碍；有效降低企业的物流成本，营造守法便利的口岸通关环境，促进区域物流的发展等。

2006 年 1 月 18 日，各海关与上海海关的对接试点全面启动。9 月 1 日，长三角“属地申报，口岸验放”区域通关改革在上海、南京、杭州、宁波、合肥、武汉等地海关全面启动。区域内被海关总署评为高资信的企业享受便捷的通关渠道。

截至 2008 年，长三角地区已有 780 家企业参与“属地申报、口岸验放”通关模式，进出口货物 3. 5 万批次、货值 56. 8 亿美元；长三角地区检验检疫实现了电子信息联网；海事、边检、电子口岸、口岸物流等多个项目合作也取得进展。区域通关改革已从试点阶段的四关区，扩展到长江沿线海关关区，包括合肥、武汉、重庆、长沙、南昌海关等关区。与此同时，符合海关规定条件的企业在进出口货物时，可以自主选择向属地海关的任一海关单位申报，在货物实际进出境地的口岸海关办理货物验放手续。由于手续简便，通关时间大大缩短，被企业形象地称为“通关高速公路”。

2014 年 4 月 25 日，习近平总书记提出“推动京津冀协同发展和长江经济带发展”。4 月 28 日，李克强总理主持座谈会，长江经济带建设正式提上了日程。推进长江经济带区域通关一体化，是海关总署贯彻落实中央重大战略决策，支持促进长江经济带建设的重要举措，是海关总署继京津冀海关区域通关一体化改革后又一项重大改革项目。2014 年 6 月 5 日，海关总署在上海召开了“依托黄金水道推动长江经济带发展，推进区域通关一体化”座谈会，正式委托由上海海关牵头长江经济带 12 个海关，共同研究推进长江经济带海关区域通关一体化工作。通过系统测试、上线，水水中转预录入调整、业务培训、跨关区联系配合机制完善、区域审单中心、区域风险防控中心、综合业务管理平台、应急协调中心的调试等一系列的准备后，9 月 22 日，上海、南京、杭州、宁波、合肥海关正式启动区域通关一体化通关模式。自此，进出口企业将享受五重便利：实现企业自主选择申报地、企业自主选择查验地点、企业自主选择通关方式、报关企业“异地互认”、五地海关“执法互认”。皖江流域是长三角的重要组成部分，通关一体化也必然成为皖江进出口物流业提高效率、协同发展的必由之路。

（三）研究的宏观背景

1. 我国物流成本对出口贸易竞争力的影响

（1）物流成本高推高我国出口产品价格，降低其国际竞争力

物流业的发展通过提高生产要素的流通效率、降低经济主体的运行成本，能够有效提升出口产业的竞争力。而我国物流业发展的相对滞后，则成为影响我国出口贸易竞争力的主要因素。物流成本偏高在很大程度上拉高了我国出口产品的价格。中投公司发布的《2013 年第一季度热点行业追踪分析报告》指出，我国农产品物流成本占总成本的 30% ~40%，鲜活农产品更是达到 60% 以上，而发达国家的物流成本一般控制在 10% 左右；中国电子商务研究中心数据显示，我国企业的物流费用平均占商品价格的 40%，物流过程所用时间几乎占整个生产过程的 90%，而美国的物流费用平均只占货价的 10% ~20%。一系列的数据表明，物流成本过高成为推高我国出口产品价格、降低其竞争力

的主要因素之一，导致贸易获利减少或者直接造成贸易转移。

（2）物流效率偏低影响出口贸易便利化，降低其国际竞争力

理论界常用物流成本占 GDP 的比率来衡量一个国家或者地区物流效率高低的重要标准。从全球物流产业发展情况来看，在欧、美、日等发达国家和地区，物流成本占 GDP 的比重随着经济发展而降低。中国物流信息中心物流统计数据显示，目前，我国社会物流总费用与 GDP 的比率为 18%，从纵向比较来看，这一比率总体上呈现下降趋势，但近年来下降较为缓慢。从横向比较来看，这一比率高于美国、日本和德国 9.5 个百分点，高于全球平均水平约 6.5 个百分点，高于“金砖”国家印度和巴西 5～6 个百分点。由此可以判断我国的物流效率低于全球平均水平。物流产业效率低下不仅直接推高我国出口产品的价格，还会影响我国出口贸易便利化，降低出口产品的国际竞争力。物流的基本点在于货物流通。高效的物流可以促进货物流通顺畅，降低交易成本，提高交易效率，使贸易过程中延迟交货、送货不及时及货物损坏灭失等风险大大降低，从而便利各国企业间达成交易。由于我国物流产业发展滞后，物流过程所占时间几乎占整个生产时间的 90%，在很大程度上阻碍我国出口贸易便利化的发展。

2. 我国物流产业存在的基本问题

我国物流成本远远高于发达国家，同时也高于全球平均水平，虽然有经济结构、产业布局和商业模式等因素的影响。我国物流产业本身的原因，也使得我国物流成本占 GDP 比重居高不下。

（1）我国国内交通运输成本高

物流运营成本主要包括运输成本、储存成本和管理成本三部分。1991～2013 年，我国运输成本占物流总成本的比重一直高达 50%～57%，高于发达国家运输成本在总物流费用中的比重。而由于我国铁路的线路网络密度仅为美国的 38%，日本的 8%。所以在货物运输中，成

本相对较高的公路运输占我国运输量的75%。我国由于高速公路投资过程中大量吸收了社会资本，高速公路通行费是全世界最高的国家之一。我国高速公路的95%、一级公路的65%，均为收费公路，而反观别的国家情况，大部分国家的高速公路是免费的，现在全世界收费公路里程大约为14万公里，而10万公里在中国。除正常的高速公路通行费之外，我国公路上还存在各种各样的乱收费现象，也在很大程度上增加了物流企业的运营成本。

（2）我国物流产业多式联运短路

所谓联运，通俗来说就是多种运输方式连贯运行：一次托运、一次计算、一票到底，最终实现“门到门”服务，实现全程供应链服务。目前我国处于港口集装箱吞吐量世界第一的位置，全球港口40%以上的集装箱吞吐量是由我国港口完成的，而如此大体量的港口集装箱集疏运，在我国基本靠公路运输完成：公路承担了大约84%，水水联运承担了14%～15%，海铁联运不超过1.5%。而海铁联运在欧美主要集装箱港口一般在20%～30%。比如上海港口海铁联运比例只有0.3%，而洛杉矶港口海铁联运比例是近30%，相差几乎100倍。可见我国目前多式联运发展相对滞后，公路、铁路、水运、航空之间的联网运输能力差，还没有形成相互协作、有效配合的局面。

（3）我国物流标准化建设滞后，产业信息化程度较低

目前我国物流企业在推行标准方面缺乏必要的力度。例如，海运和铁路集装箱标准存在差异，各种运输方式之间装备标准不统一，很大程度上对我国海、铁联运规模的扩展，国际航运业务的拓展、港口作业效率的提高及出口贸易的发展产生不利影响。在信息化方面，我国传统的物流经营模式电子化水平低，信息加工和处理手段落后。2013年1月，工业和信息化部印发推进物流信息化工作指导意见。该意见指出，我国物流信息化虽然取得了一定的进展，但是还存在着一些突出问题。一是

重点物流行业的信息资源开发利用不足，信息采集和交换水平较低，不同运输方式、不同运输主体之间的信息交流不畅。二是物流企业和企业物流的信息化发展不平衡，尤其是大量小型企业物流信息化水平较低，难以满足专业化物流服务的需求。三是先进信息技术在物流行业的应用和推广水平较低，自主创新和产业支撑能力不强，物流设施设备的自动化、智能化程度和物品管理的信息化水平较低。四是物流信息标准制定和应用的整体水平亟待提高。信息化程度低导致我国物流信息不通畅，造成运输成本、库存成本的偏高。

（4）我国物流企业运营规模偏小，第三方物流占比较小

据商务部统计，中国物流业的承担主体———全国公路货运企业，高达78万户。而其中年营业收入超过300万元的运输型物流企业和超过200万元的仓储型物流企业只有2000多家。90%的货运公司，单家自有货车不足10辆，其中40%都是只有一辆车的个体户。物流企业规模偏小影响物流企业规模经济效应的获得，物流业整体上还是没有摆脱粗放发展的模式。第三方物流由于其运营效率高在发达国家物流业中已经占据相对重要的地位。欧洲目前使用第三方物流的比例约为76%，美国约为58%，日本约为80%，而我国第三方物流在我国全部物流中所占的比重尚不足25%。

3. 现代进出口物流产业的发展对我国国际经济与贸易的重要性

现代物流是进出口贸易的必要条件。为了顺应进出口贸易的发展，现代进出口物流朝着优质化、多样化、高效化的方向发展，促进了国际物流也本身的变革，也使国际物流给国际经济与贸易带来诸多实实在在的利益。

（1）降低经营成本

进出口贸易是建立在各个国家经济发展优缺点的基础之上而形成

的，将本国具有竞争优势的产品出口到其他国家，把本国缺乏的产品从其他国家引进来，而其中所获得的利润主要取决于产品的价格与成本。物流费用作为产品的价格组成之一，因此当产品的物流费用变高时势必会引起产品价格的升高，从而降低了产品的竞争力，最终阻碍了进出口贸易的发展。实际上，产品的物流费用有着很大的降低空间。现代物流业因其构建了全球服务领域，从而实现了信息化和标准服务化的管理，最终为顾客提供了具有增值效果的整体系统优化的服务，减少了企业的库存和中间环节，从而降低运营成本，提高了经济效益。

（2）促进进出口贸易便利化

随着贸易数量的增多和当前经济发展以及人们生活节奏的加快，再加上贸易便利化具有降低企业的行政管理费用和商务成本、增加商业机会、提升客户价值和安全性以及获得直接经济利益的优点，使得贸易便利化得到了越来越多国家的支持和倡导。贸易便利化是进出口贸易的一个专业术语，指的是加速货物和产品的流通速度，减少中间的贸易协调程序，追求的是国际贸易程序和制度的简化和协调。这和现代物流所追求的目标是一致的。因此现代物流在进出口贸易中能够打破时间和空间的局限，特别是当前各个国家在交通方面是十分的便利，再加上当前和平与发展是当今世界发展的主题，为进出口贸易的发展提供了稳定的社会环境。这些因素的共同影响促进了贸易便利化的实现。

（3）加快贸易的进程，扩大贸易规模

随着各国之间进出口贸易联系的增多，资源配置和世界分工变得更加具体和细致，这就要求在进出口贸易的过程中各个行业的企业只有加强合作、交流和沟通才能获得利益。现代物流业的快速发展带动了第三方物流企业的发展。第三方物流企业指的是某一个企业作为从产品生产到销售的第三方，不拥有商品，只是为客户提供仓储、配送等物流服务，通过将供应链进行重新整合，具有让企业致力于核心业务，灵活运用新技术、实现以信息换库存，减少固定资产投资、加速资本周转，提供灵活多样的顾客服务、为顾客创造更多的价值的优点，大大降低了进出口企业的物流压力，减少了企业的成本。调查显示，进出口企业通过第三方物流企业进行产品的转移，至少可以为企业减少10%的费用，从而加快了贸易的进程，实现贸易规模的扩大。

（四）研究的微观背景

长江流域是我国连接东西、沟通河海陆的黄金通道，是长三角沿海港口通达国际市场的重要后盾。沿线资源丰富、城市人口密集，经济保持较快增长，是我国经济发展不可忽视的重要组成部分。加之长江经济带国家发展战略建设正如火如荼，可以说未来长江流域将是中国经济发展的重要支柱之一。

长江流域安徽段被称作皖江，地处长江中下游。该地区河网密布，流域面积占全省面积的47.3%，占比位列全国第七。皖江地区作为“一带一路”倡议和“长江经济带”战略的双覆盖区域，也是安徽“十三五”物流规划中规划的重点领域。皖江沿线所包含的口岸主要有芜湖、池州、合肥、安庆、铜陵和马鞍山六口岸。其口岸所在的腹地城市人口众多，产业密集，科技领先，外贸发展活跃，是安徽省经济实力最强、最具发展活力和潜力的地区。伴随着长江经济带建设、“一带一路”倡议、皖江示范区、安徽加入泛长三角城市群以及打造内陆开放新高地等发展战略的持续推进，安徽无疑会进一步加深与周边区域和全球的经济合作。这一发展前景为皖江口岸带来广阔的发展机遇，促使皖江口岸成为安徽乃至整个长江中下游不可或缺的进出口物流节点和未来区域经济发展新的驱动力之一。

但是，目前皖江口岸进出口物流无论是相比较于国内外大型专业化海运口岸还是长江沿线的内河口岸，都处于劣势地位，存在着口岸基础建设不完善、物流服务单一、货源同质化严重和口岸之间恶性竞争等问题。其主要原因就在于皖江口岸与口岸之间、口岸与各供应链之间没有形成有效协同。为增强皖江口岸进出口物流的竞争力，在国际物流中占据有利地位，有必要对皖江口岸进行深入全面分析，并在此基础上提出协同联动策略和对策建议。

三、研究思路

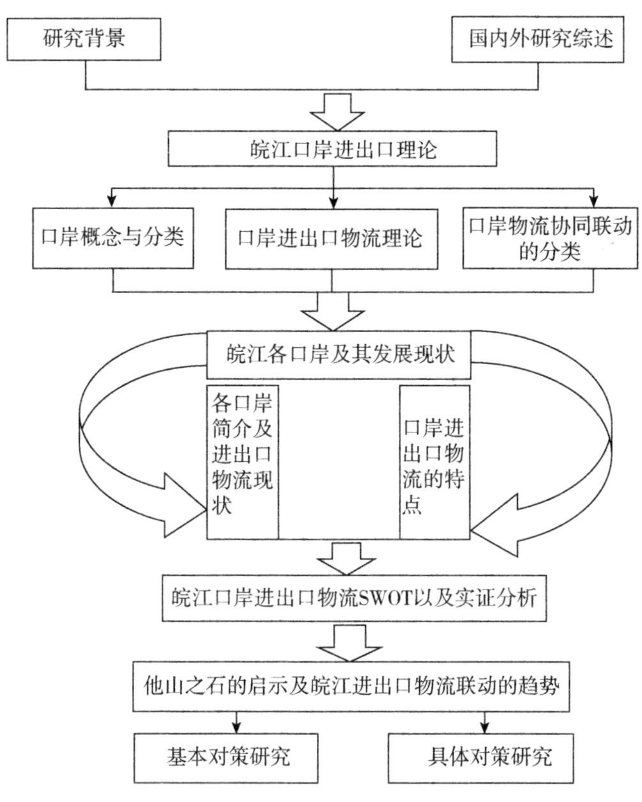

图1　研究路线图

第二章

国内外研究成果述评

一、国内外港口物流研究述评

（一）物流理论述评

物流活动古已有之，美国物流学者伯纳德·拉·隆德（Bernard J. la Londe）认为，物流活动源于地区产品剩余导致的地区间产品交换，而生产力在工业革命后的迅速发展，则推动着物流活动的不断发展。但早期的物流只能称为物流“意识”，并非明确的物流概念。美国唐纳德丁·鲍尔索克斯（Donald J. Bower - SOX）认为，在 20 世纪 50 年代之前，物流企业所进行的纯粹是建立在功能基础上的后勤工作，对所有存在的综合物流根本没有什么概念理论。

国外文献对物流概念起因提出以下看法：

观点一，物流概念起源于经济，即源于人们对协调经济活动中物流及其相关活动的追求。美国经济学家阿奇·萧（Arch Shaw）在 1915 年哈佛大学出版社出版的《市场流通中的若干问题》（*Some Problems In Marketing Distribution*）一书中最早提出了物流（Physical Distribution）概念。书中指出：“物流是与创造需求不同的一个问题”“物资经过时间和空间的转移，会产生附加价值”。这里的“物资经过时间和空间的转移”后来被称作“实物流通”，就是销售过程中的物流。英国克兰菲尔德物流与运输中心（Cranfield Center for logistics and transportation，CCLT）主任、资深物流与市场营销专家马丁·克里斯多夫（Martin Christopher）教授认为，阿奇·萧是最早提出物流概念并进行实际探讨的学者。1922年，克拉克（F. E. Clark）在《市场营销原理》中将市场营销定义为：“影响产品所有权转移和产品实物流通的活动。”这里的实物流通具有现代意义上的物流含义。1935年，美国销售协会对物流这样定义：“物流是包含于销售之中的物质资料和服务从生产地点到消费地点的流动过程中，伴随的种种经济活动。”可见物流与经济活动密切相关。马丁·克里斯多弗（Martiu Christopher）在1994年出版的《物流与供应链管理》（Logistics and Supply Chain Management）一书中指出，自从阿奇·萧的物流概念提出以后，“又经过了70年左右的时间对物流管理的基本原则有了明确的定义”。

观点二，物流概念起源于军事。以詹姆士·约翰逊（James. c. Johnson）和唐纳德·伍德（Donald Wood）为代表的学者认为，“物流一词首先用于军事”。他们说，1905年美国少校马克斯·贝克（Chauncey. Baker）称“那个与军备的移动和供应相关的战争艺术的分支就叫物流（logistics）”。在第二次世界大战期间，美国根据军事上的需要，对军火的运输、补给、屯驻等进行了全面管理，并将运筹学用于军需管理，率先采用了“logistics Management”一词，战后“后勤管理”观念被许多国家运用到民用领域，促进了20世纪六七十年代世界经济的发展，也促进了现代“物流学”（logistics）理论的形成和发展。

无论物流概念起源于何种原因，实践证明，到20世纪70年代，美国经济学界与实业界认识到改进物流能够带来较大的经济效益。彼德·

德鲁克把物流的潜力比喻为“一块经济的黑暗大陆”“一块未被开垦的处女地”。物流的概念扩大到从原材料购买开始一直到产品送达顾客手中的全过程的物品流动的管理，该过程中的计划、执行和控制被称为“后勤管理工程”或“整体化的物流管理”，形成了系统的物流管理新理念，标志着物流进入现代综合管理阶段。20 世纪 80 年代后期至 90 年代，物流管理理念由单个企业物流一体化和综合化发展到不同企业中的物流整合，使现代综合物流管理上升到供应链管理的新阶段。1999 年唐纳德和戴维教授在《物流管理——供应链过程一体化》一书中这样论述，供应链关系是物流作业中最复杂和最缺乏了解的领域，然而有效地实现供应链的综合，能够以最佳方式实现竞争优势。

国外学者对物流研究各有不同的侧重点。美国学者注重对物流过程的库存、运输和供应链各个环境的存货管理、信息流等进行定量研究，应用了先进的运筹学、线性规划、数理统计等一系列数学方法和模型，并利用复杂的计算机软件，使物流和供应链学说倾向于自然科学和管理工程的精确。

欧洲物流研究特点在于将物流管理作为一项与生产并重的企业基本职能，欧洲企业认为是物流管理使原材料和产成品以正确的时间被分发至合适的地点，从而增加了产品的价值。

日本于 1956 年从美国引入实物配送概念（PD），日本对物流的研究侧重于全社会物流，即把物流的范围从销售领域扩大到废弃物领域，鉴于其资源贫乏和发展空间狭窄，日本对物流的运作机理与操作手段进行了较为深入的研究与实践。日本早稻田大学教授西泽修在《流通费用》（1987）一书中提出“第三利润源泉”的概念，来市清也教授在所著《物流经营论》（1992）中进一步提出企业应把物流视为经营管理的重要内容，逐步转向物流经营。

（二）世界海上运输及港口发展研究

1. 早期海上运输与港口发展

历史资料证明，公元前7000年在地中海地区已有繁荣的航运。那时的港口只不过是在河流、湖泊区域，选择岸坡合适、水流缓慢、避风条件好、水面静稳之处靠系船舶。为此，天然隐蔽的海湾或河口被辟为港口。

随着奴隶制诞生而产生的国际贸易，主要商品是奴隶和奢侈品，因而当时贸易中心的地理分布都在强大的奴隶制国家的都市及其殖民地。在西方，首先是腓尼基和迦太基，然后转到古希腊和古罗马，贸易中心一直在地中海沿岸。

随着经济的发展，人们开始扩大交通和贸易。公元1世纪前后，罗马帝国征服地中海沿岸之后，势力抵达红海与波斯湾，便以亚历山大港为基地，积极开拓对东方的海上贸易。在罗马帝国时期建造的安季乌姆港、图姆一采利港，证明了罗马人具有高超的文化艺术和工程技术水平，这里首先建成垂直断面的防护建筑物，按照总体布置，这些港口与现代港口相似。

文艺复兴时期，随着贸易和航运的高度发展，在荷兰、意大利、西班牙、英国等地建造了港口。15世纪，航海技术和造船业已有很大的发展。地中海沿岸一些城市已出现了资本主义生产的萌芽，西欧一些国家的手工业及商业贸易有了相当程度的发展，商人们渴望扩充海外市场，以获取更多的财富。1492年意大利人哥伦布发现了美洲新大陆。1519年，葡萄牙航海家麦哲伦率领5艘船、265名船员，实现了人类历史上首次环球航行。上述几次探险，统称“地理大发现”。这样，从欧洲绕过非洲或绕过南美洲到达亚洲的新的东西方贸易航路终于开辟出来了。在15～17世纪，由于新大陆的发现和攫取殖民地而急剧发展的贸易和航运，导致大型港口建立。随着船舶数量的增加和规模的扩大，海港逐渐发展起来。

2. 近现代海上运输和港口发展

19 世纪，海上运输有了很大发展。1807 年世界上诞生了第一艘蒸汽船，给古老的海运业注入了新的活力。资本主义国家的早期工业大多沿通航水道设厂，使得当时水运的发展对工业布局有很大的影响。同时由于国际贸易地理条件的限制（远隔重洋），加上海运量大、成本低，国际贸易量的 2/3 依靠海上运输。

20 世纪的两次世界大战以及发生的重大海难，加速了科技前进的步伐，对海上运输起到重要作用。第二次世界大战以后，世界经济逐步向一体化过渡，客观上工业、农业、原料、加工业等在不同国家、不同地区形成一定程度的专业分工，国际间的客货交易不断增加，海洋运输成为世界国际货物运输的主要方式。

从世界港口发展历程来看，港口主要伴随着航运的发展而发展。有学者认为，可将世界港口的发展划分为三个阶段。

第一阶段是 18 世纪以前，当时的港口仅是作为从事船舶装卸活动的场所。

第二阶段是从 18 世纪末至 20 世纪中叶，港口的功能已扩展到贸易领域和转口功能，即港口不仅是为船舶从事装卸活动的场所，而且也是贸易活动的领地，为转口贸易提供便利条件。

第三阶段开始于 20 世纪 50 ~ 60 年代，伴随着工业技术革命，港口工业迅速兴起，出口加工工业、自由贸易工业不断借助港口优势在港区内建设起来，将港口与城市发展、港口与出口加工业等有机地结合起来，使港口成为集集疏运中心、贸易中心、金融中心和工业中心为一体的综合性准政府区域。港口采取完全商业化的发展态势，逐渐发展成为国际贸易的运输中心与物流平台，主要业务范围从货物装卸、仓储和船舶靠泊服务，到货物的加工、换装及与船舶有关的工商业服务，再扩大到货物从码头到港口后方陆域的配送一体化服务，港口逐步成为统一的集输运与贸易一体化的经济共同体。

另外，1992 年联合国贸易与发展会议上的《港口的发展和改善港口的现代管理和组织原则》研究报告，将港口按功能的发展又分为三代。

第一代港口（20 世纪 50 年代以前的港口）——其主要功能在于集散大宗的散货（金属矿石、煤炭）与液体货物（原油及相关产品），成品及半成品在整个海运物流中的比重较小。只是货物运输的一个接口，功能简单，主要从事海运货物的转运、临时储存、发货等，港口的规模主要依赖于腹地货物的丰歉。第一代港口功能定位为纯粹的“运输中心”。

第二代港口（20 世纪 50 年代到 80 年代）——也只是一个运输和工商业服务中心，增加了工业性、商业性的增值服务功能，使港口成为装卸和服务中心。其功能和地位主要取决于集装箱吞吐量的大小。第二代港口功能定位为“运输中心 + 服务中心”，使港口为货物提供了增值服务的功能。

第三代港口（20 世纪 80 年代以后）——被定义为区域经济技术中心，高度现代化、商业化、信息化的国际贸易大港，以技术、管理、信息生产要素为基础，提供全程运输服务和国际商贸后勤服务，是国际生产、分拨网络中具有能动作用的结点，积极参与国际贸易的相关活动。第三代港口功能定位又可称为“国际物流中心”。近十几年来，随着计算机技术和物流的发展，信息服务成为港口的重要功能。港口成为贸易活动的物流中心，服务范围进一步扩展，港口的服务活动贯穿于运输供应链的起点与终点。据统计，这些活动（包括销售）的收入占港口总收入的 35% 以上。集装卸运输功能、工业功能、商业功能和信息功能于一体，是第三代港口的显著特征。

以上对港口发展阶段的划分，前者注重运输装卸理念，而后者更多体现出综合物流的理念。

3. 港口与城市、区域发展研究

国外有学者从港口与城市、区域发展的关系视角出发，作过相关研究如下：1968 年，英国地理学家伯得（Bird）提出的“港口通用模式”即 Anyport 模型，将港口发展划分为六个阶段：①原始发展阶段，②顺岸式港口扩展阶段，③顺岸式港口细部变化（突堤、栈桥等）阶段，④船坞细部变化阶段，⑤港地式码头发展阶段，⑥专业化码头（T 头突堤或栈桥及深水泊位，为工业专用）发展阶段。1970 年肯杨（Kenyon）指出，在集装箱时代到来之前，件杂货港口服务的腹地普遍比现在小，大部分港口货物的来源地与目的地一般在几百公里之外。1978 年，麦耶（Mayer）指出，海运技术变化使得航运公司必然在运营中追求规模经济，具体做法就是将特定区域的件杂货集中到一两个港口处理以提高效率，麦耶首次将这些集中了大量货物的港口定义为主枢纽港（Loadcenter）。1988 年赫思（Hayuth）指出，在当代发达国家，集装箱货物由陆上运到与装货港或卸货港相距几千公里的地方，多式联运使海运、铁路运输、公路运输这三种交通方式间的相互依赖达到了空前的程度。1990 年，史莱克（Slack）着眼于集装箱多式联运背景下内陆集装箱中转站的发展变化，对港口地域系统内货物流转趋势的内在机制进行了的经济学解释。1995 年，克林（Klin）指出，作为最基本的运输结点，港口连接着物流网络中的海运和陆上作业两部分，其中核心业务是安排货物在各运输方式或同种运输方式之间的有效转换，具体包含以下四大功能：①储存，②集散、配货，③制造，④贸易全部具备时，港口可以从运输结点转变或提升为物流结点。

随着改革开放的不断深入，我国物流业得到相应的发展，国内一些专家学者开始对包括港口在内的物流问题展开初步研究。其中，顾亚竹（1997）对21世纪中国港口发展环境、特点以及发展构想作过初步研究。赵重苓（2001）在《对发展上海口岸物流的几点思考》中曾指出，要加快口岸物流的发展必须加大硬件投资力度；改善口岸物流软环境；抓好物流管理链中各重要环节，强化口岸物流的集散功能；引进国外先进信息流技术，建立口岸物流信息网络。宋炳良（2003）对国外港口区位要素的供需特点和发展趋势作了相关研究，并分析了港口相关产业在空间上重新布局的原因。胡林风（2003）对连云港港口物流的发展模式进行探讨，认为连云港宜采用物流中心和特许连锁两种经营模式。朱意秋（2004）提出港口物流产业聚集的观点，并分析了港口物流族群的优势条件模式对产业本身及地方经济的影响。丁俊发（2004）认为中国港口物流在改革开放以来港口物流有长足的发展，港口管理的体制改革是港口经济发展的强大动力，并认为港口物流的最大问题在于国际化、市场化、现代化程度低，对经济建设与社会发展的适应度不足，结构性矛盾十分突出。丁克义（2005）在中国港口经济论坛上指出，港口企业应拓展以港口业务为核心的第三方物流。

国外学者对物流研究起步较早，其理论研究及实践都较为成熟，但针对港口领域内的物流研究还相对零散和薄弱。而我国物流发展目前仍处于初级阶段，尤其港口物流发展现状落后、基础薄弱。随着物流理论研究和物流实践的深入和不断成熟，发展港口物流已经越来越引起学术界和产业界的高度重视，港口物流任重道远，前程似锦。

二、国内外区域物流研究述评

近年来物流在我国发展迅速，加之国内经济呈现区域发展的特征，区域物流这一概念日益受到关注。区域物流通过对区域资源的整合，优化了资源配置，对实现区域经济和社会的可持续发展起着至关重要的作用。同时区域物流发展状况直接决定着商品流通的成本和效益，也影响到整个地区的核心竞争力。因此国家以及地区政府对区域物流发展的重视程度日益加强，为区域物流活动与区域经济的有效协调发展提供了保证。

（一）国外区域物流研究回顾

发达国家物流业起步相对较早，其最早在20世纪50年代形成于美国，1963年被引入日本。同时，国外学者、研究人员和政府管理部门也十分重视对物流的研究与扶持，因此在物流理论和实践方面取得了丰硕的成果。在此通过对国外区域物流文献的搜集，整理出国外区域性物流研究得四个方面：区域物流与区域经济发展关系、区域物流需求预测、区域物流发展的对策、政府角色与职能对区域物流影响。

1. 区域物流与区域经济发展关系

区域物流以区域经济为发展基础，同时又对区域经济发展起到促进作用。国外对区域物流与区域经济发展关系研究得较早，20世纪初叶，人们还没有意识到物流的重要性，因而学者们更侧重于研究运输与区域经济发展的关系。例如，Jara - Diaz 从国际化视角对交通物流与产业经济的关系进行了详细研究。阿尔弗勒德·韦伯（Alfred Weber）阐述了企业、区位和城市规模经济与运输价格之间的相互关系，并指出交通运输作为一个重要的区位影响因素与区域经济空间结构紧密相联。20世纪60年代，美国经济学家彼得·德鲁克预言：“物流领域将成为经济增长的‘黑大陆’，是继降低资源消耗、提高劳动生产率之后的‘第三利润源泉’。”物流随之越来越受到人们的重视。随后，学者们开始对区域物流对经济发展的影响进行研究。例如，Hoover，E. M. Donald

J. Bower SOX 等论述了经济全球化、区域经济一体化与全球供应链、区域物流业发展的关系。提耳堡大学和荷兰鹿特丹大学的有关学者对区域物流产业和区域经济发展进行了研究，总结了特立尼达岛、多巴哥岛以及新加坡等经济区物流发展的经验，着力寻找经济区域的发展与该区域内物流产业发展之间的关系，其成果不仅为荷兰 Curacao 经济区的建设提供理论指导，同时也进一步阐明了区域物流与区域经济发展的关系：区域物流的发展以区域经济发展为基础，同时又对区域经济的发展起着促进作用。

2. 区域物流需求预测

物流需求是一种引致需求，是由于社会经济活动导致的对物流服务的需求。不同的区域经济活动不同，导致对其物流需求量存在差异，区域物流需求预测保证了物流服务的供给与需求之间的相对平衡，使社会物流活动保持高效率运行，因此物流需求预测受到行业内众多学者的重视。起初交通运输作为物流的必要环节，在物流需求领域备受关注。在水陆运输方面，米切尔·伍·巴贝科克（Michael W. Babcock）等人提出了水陆交通运输预测所忽略的一个领域，即内河航道运输短期预测。在铁路方面，Mark Ward man 利用直接预测模型对货物运输市场中的铁路运输及其竞争模式进行了分析和预测，得到了较合理和准确的结果。在航空方面，Tae Hoonoum、Anming Zhang 等人提出了一种用于航空公司确定其租赁方式的模型。该模型可根据市场需求变化与租赁固定成本和可变成本来确定预测结果。Bahram Adrang 等人在分析航空月报数据的基础上，运用灰色模型对航空需求作了预测，并对美国航空业服务的非线性特征作出了合理的分析。

随着物流的发展，学者们对基于某一种运输方式的需求预测逐渐转向对物流需求预测的研究。Juk-ka Korpela 认为，库存策略是区域物流策略的必要组成部分，而需求预测又是库存管理的一个关键，因此区域物流需求预测的研究对物流发展起着重要作用。

3. 区域物流规划方法研究

区域物流规划是指对区域物流的发展进行规划和设计，对区域物流全面而长远发展进行计划，是对未来整体性、长期性、基本性问题的思考、考量和设计未来整套行动方案。物流规划理论的研究在国际上是一个非常活跃的研究领域，如在规划方法上，英国学者 Francisco Escobedo 在对智利首都圣地亚哥周边区域经济研究的基础上，通过对价值链理论的分析，提出了以产品价值的流向来指导区域物流规划的观点。澳大利亚学者士 Oiev. Fisher，W. Lemoineand Lars Dagnns 等从区域物流系统的角度对其进行规划，将区域物流系统规划分为网络规划和结点规划两部分，其中网络规划沿用传统运输规划的思想，结点规划则根据结点功能的不同，划分为生产型配送、消费型配送和运输转运三类。

K. vRalnani 提出了依托于集装箱港口的区域物流发展模式，并设计了交互式计算机模拟模型来支持集装箱运输的物流系统规划。通过对区域物流的规划可以使物流活动有章可循，可以避免物流“背反”效应导致的不良影响，而且还可以防止重复建设等事项的发生，因此对区域物流来说是不可缺少的。

4. 政府角色与职能对区域物流的影响

现代物流业作为一个新兴产业需要政府的引导和支持，正如 P. Pontrandolfo&O. G. Okogba，K. V. Ra－mani 所说“物流政策是物流以及区域物流发展的基础”。通过分析各发达国家的政策，不难发现国外发达国家早在几十年前就已认识到物流产业的重要性，并加大国家宏观的调控能力，在政策、税收等方面促进区域物流业的发展。Panos Kouvelis and Meir. J. Rosenblatt 通过研究全球化供应链管理中设施融资、交通以及地区交易规则、企业税费法律中的政府补贴等对物流发展的影响，指出在物流基础设施建设中政府的作用是不可忽视的。

（二）国内区域物流研究回顾

随着改革开放的逐步推进和市场化体制的不断完善，国内经济发展已经呈现出区域发展特征，如长江三角洲、珠江三角洲等典型经济聚集区域。在区域经济一体化的今天，区域经济发展需要更好地运用物流资源，使物流资源所形成的物流能力成为经济高速发展的推动力，由此可知区域物流研究对我国区域经济发展乃至全国经济发展的必要性。我国对区域物流的研究主要集中在区域物流概念界定、区域物流与区域经济的关系、区域物流需求预测、区域物流发展对策四个方面。

1. 区域物流概念界定

国内对区域物流的概念还没有一个统一的说法，张丽立、海峰等人认为区域物流是在一定的区域地理环境中，以大中型城市为中心，以区域经济规模和范围为基础，将区域内外的各类物品从供应地向接受地进行有效的实体流动。薛辉、欧国立认为，区域物流是指一个特定区域内及进、出该区域的货物运输、储存、装卸、包装、流通加工、配送以及相关的信息传递活动。综上所述，区域物流应指在一定的经济区域环境下所发生的物流活动总和。其在一定经济区域范围内呈现出整体共性，与其他经济地区的物流活动存在差异。概念中的两大要点：要点1，物流活动具有现代物流的特征，是结合信息技术的物流环节操作层面的一体化，也是以实现商品从生产地到消费地有效时空转移为目的的；要点2，区域物流是在城市、城镇、农村等区域空间形态结构中，通过物流基础设施所实现的物流有机集成，具有经济地理空间的意义。

2. 区域物流与区域经济的关系

国内关于区域物流与区域经济关系的研究最早始于20世纪80年代。张鹏、金真等人提出区域物流是区域经济的主要构成要素之一，区域经济的规模和发展程度，决定了区域物流的产生和发展。周俊颖、程国平通过研究区域物流与区域经济增长的关系指出，区域物流产业同其他产业相似，具有经历萌芽期、成长期、成熟期、衰退或蜕变期的生命周期。同时还指出影响区域物流产业发展的三个关键因子是经济发展水平因素、物流管理水平因素、物流技术投入因素。

一些学者基于国内某地区的具体情况对区域物流与区域经济的关系进行了研究，例如，郝鹏、梅林对辽宁省区域物流发展及区域经济发展关系进行了研究，结合东北地区、辽宁地区的区域经济和区域物流的特点进行一个深层的剖析，对辽宁省地区的区域物流发展提出了相关意见。夏燕菊、李薇辉等人通过研究长三角地区经济增长与区域经济的关系指出，区域物流产业的发展与区域经济的发展存在很大的关联度。区域物流的发展不仅能提高区域经济的运行效率，还能为区域经济的发展提供强大的后勤保障。

3. 区域物流需求预测

物流需求属于派生需求，它是由经济发展本身带来的。经济发展水平决定物流需求，物流需求的大小反映了经济发展水平的高低。在我国，对于物流市场需求的研究是一个比较新颖的话题，同时也是物流领域的研究热点。王晓原等人在区域物流需求预测分析的基础上，构建了区域物流规模预测的聚类预测模型，并用此模型对山东省各地区的区域物流规模作出了适当的预测，为区域物流政策的制定以及基础设施规划提供了一定的依据。唐伟鸿、武骁等分别提出一种基于支持向量机的物流预测模型，并进行了实证研究。庞明宝、姚智胜等将非线性支持向量机、小波包和最小二乘支持向量机等应用到区域物流量的预测中。张云康等在进行指数平滑法预测的基础上进行了物流需求多种方法组合预测。刘婷婷、杨天宝等分别提出模糊神经网络非线性组合、改进的重力预测模型，对区域物流的铁路运输量进行了预测，以此作为区域物流量预测的基础。区域物流需求预测的研究对区域物流各个环节的顺利进行十分重要，同时对物流企业的物流资源配置、控制库存水平等方面也有重大意义。

4. 区域物流发展对策

国内学者对国内区域物流发展对策的研究也在一直探索中，主要集中于区域物流规划研究和发展模式研究两大方面。

区域物流规划是指在一个特定的区域范围内，结合国民经济、社会发展长远计划和区域的自然条件、交通运输条件，对区域物流基础设施建设规模、速度和物流企业发展方向、功能定位等进行全面的发展规划。林荣清、李春海等在非均衡发展理论的基础上探讨了区域物流发展规划以及物流园区规划的原则、模式、关键因素及基本思路。赵习频、海峰等论述了区域物流在区域经济中的战略地位，提出物流园区的规划和建设应当有层次地进行，并提出了区域物流系统的规划模式。

为促进区域物流及区域经济的发展，部分学者针对本地区的具体情况，对适合本地区的物流发展模式进行了探索。例如，游佳等提出在经济欠发达地区可以采用现代物流与商贸集成运行的区域物流发展模式，并构建“物流园区—物流信息平台—物流网络节点”三位一体的区域物流体系结构。孙淑生、李亚在我国产业聚集区（高新技术开发区、经济技术开发区等一些特定区域）蓬勃发展的背景下，针对湖北省的优势产业、高新技术产业，提出基于产业聚集的区域综合型物流发展模式，并在对该模式进行了详细分析的基础上，进一步提出解决产业聚集区内区域物流发展问题的相关对策。

（三）总结与述评

虽然区域物流在国内外得到了一定的发展，但是其发展尚处于初级阶段，还需进一步完善。当前，区域物流研究存在的问题可以分为以下两大类。

首先，缺乏区域物流与区域经济发展演化相结合的研究。区域经济的演化和发展遵循一定的规律。区域物流发展要结合区域经济的发展过程来展开，这样才能使区域物流适应区域经济的发展，对其起到促进作用。目前无论是国内还是国外区域物流研究中，都还没有足够重视区域物流与区域经济演化机理相结合的研究，导致无法了解物流产业得以发展的真正动因，以及物流与区域经济间的相互作用机制，这样不利于区域物流和区域经济的长远发展。

其次，缺乏对区域物流微观与宏观层面的协同研究。社会经济角度的物流属于宏观物流，企业经营角度的物流属于微观物流。要实现区域物流宏观与微观的协同就必须以宏观区域物流为纽带，将商业链上的多个物流企业——微观物流相互连接组成共同体，实现优势互补、互利共存，进而实现利润最大化。因此，协同化应是区域物流研究的重点。区域物流的研究中虽然不乏提出协同的理论，但缺乏对于区域物流协同化的含义、范围和实施方式等方面的研究，难以形成理论基础，从而削弱对具体研究的指导性。

（四）未来的发展趋势

随着全球信息产业的日益重要、世界经济一体化发展、环境保护及集约型经济越来越受到重视，区域物流发展将呈现以下趋势：

首先，区域物流趋于信息化与一体化发展。区域物流效率的提高离不开信息技术的支持，通过区域信息系统的完善，区域物流提高效率的同时也将提高其服务质量，从而促进区域物流系统的一体化与协同发展。

其次，区域物流的国际化发展。随着经济全球化发展的日益推进，物流在国际间、区域间合作是研究与实践的趋势。目前国际上已经成立了多个物流国际合作组织，如国际多边合作物流研究机构。随着这些组织的日益壮大，必将极大地推动物流在国际间、区域间合作的发展。

最后，区域物流将从传统物流向绿色物流转变。目前区域物流仍存在诸多问题，如环境污染问题尤其是汽车尾气形成的大气污染严重；无法实现资源最优组合——满车来、空车去以及道路、港口、机场重复建设，从而造成了资源的极大浪费。因此，实现经济、文化和社会的统筹兼顾、节约式发展，成为衡量区域物流发展的重要标准，这就迫切需要区域物流从传统物流向绿色物流的转变，使其符合可持续发展的要求。

三、口岸进出口物流研究综述

（一）国内研究综述

1. 口岸与进出口物流的关系

刘一霖定义口岸是指国家指定的国内外人员交往、对外贸易货物和交通工具出入境的场所，它是一个国家根据自己特定需要和其地理位置而设立的，现代口岸不单是国家对外交往的窗口，还是国际物流的枢纽结点。

刘金广、石建军和王进认为，口岸物流是指借助口岸拥有集散货物的优势，依托先进的物流基础设施和设备，利用现代信息技术来实现国际物流资源的优化整合，从而增强口岸对周边物流辐射能力的一种综合物流形态。

聂琦等研究了口岸与物流之间的关系，认为口岸是整个货物物流链上重要的、不可或缺的一部分，口岸发展与国际物流相互促进、相互影响，同时国际物流的快速发展为口岸深度发展提供了新的机遇和挑战。

王智利认为口岸进出口物流发展历经了四个阶段：单纯提供运输、转运、储存物流服务的传统物流阶段；提供运输、转运、储存、拆装箱、仓储管理、加工，具有明显特征的加工配送服务的配送物流阶段；物流信息化、自动化、集成化、网络化，集信息流、物流、商流、资金流为一体的综合物流阶段；国际贸易物流活动全球化并进行全球配送，积极主动地参与现代物流各环节的衔接与协调活动的供应链阶段。

2. 口岸进出口物流与经济发展研究综述

国内学者也探索研究了口岸进出口物流与口岸所在地经济发展的关系与依存度，以此来证明口岸进出口物流与口岸所在地经济发展之间是相辅相成、共同促进的关系，通过口岸进出口物流的开展来促进口岸所在地经济的增长。

靳会新认为现代物流业对区域经济发展的影响作用逐渐增强，口岸优先发展现代物流业将较大地提高口岸地区的经济规模和效益，并提升口岸城市竞争力以及口岸在国内外分工的地位，促进了口岸服务业的发展，推进了国民经济产业结构的优化再升级。

胡云超运用定性和定量的方法对口岸进出口物流与城市经济的协同发展关系进行了数理论证分析，并以具体事例来揭示表现了口岸进出口物流与经济系统的协同发展相关性，并实证研究得出城市经济与口岸进出口物流相互促进、相互推进的结论。

（二）国外研究综述

在口岸进出口物流及其物流中心建设的过程中，国外学者有着丰富而又完备的相关理论体系，开展相关研究的时间早、成果丰硕，故使得理论运用于实际的效果上佳，取得许多辉煌的成就。

Benjamin. S. Blanchard 定义港口物流中心按其运行的方法，可以分为以下几种：由港口管理局统一管理的地主型物流中心，来自多方合资经营的共同出资型物流中心，港口企业自行组织的独立型物流中心，港口物流企业与航运物流企业共同组成的供应链型物流中心，港口、保税区与港口城市组成的联合型物流中心，通过物流信息网络组建的网络型物流中心。

Staoshiinoue 认为，口岸能够利用集散各种生产要素的优势，成为国内外大型制造业、农业产业的集散地，这些大型产业直接或间接地为口岸物流中心的构建与成长提供众多衍生集合型物流需求。Sung—Woo，Dong – Wook Song，Cesar Ducruet 指出，全球化与交通大变革和物流一体化以及随着沿海港口腹地扩张，港口在供给链和产生新的货物分配形式上的功能也随之变化，这种变化影响了中心港口城市的空间结构，促进了城市经济的发展。

A. Ronza. S. Carol 等利用定量风险分析方法、QRA 技术、频率估计分析港口装卸设施与选址。Robinson. R. 研究了发展中国家的口岸城市，系统地反映了口岸间日趋同质化的竞争趋势以及全球口岸物流业的变化走势。Pierre Cariou，MAXI Q. Mejia Jr. 利用来自瑞典海事管理局的调查，运用泊松模型说明了船只、船型年龄和登记标志是影响口岸缺陷的因素。

第三章

皖江口岸进出口物流联动发展的理论支撑

一、供应链管理理论

（一）供应链

“扩大生产”“价值链”等理论是供应链理论的最初形态，指一种产品在经过多个厂商（原料提供者、制造商和销售商）和多个环节（原料的供应、产品的生产、运输和销售）而形成的一种拥有链状特征的供需形态。这一概念被众多企业运用，使得企业的生产活动在原有基础上得到了前伸和后延，扩大了经营的深度和广度。随后，供应链的概念得到不断发展。学者王金圣在总结了供应链的演化历程后认为现代的供应链已经不再是之前单一的供给消费单链，而是一条价值增值的网链。杨雪晶认为，供应链是指对资源具有控制和调度能力的核心企业，以功能网链的结构模式将原材料至商品和生产商至消费者等众多环节连成一个整体的行为。蓝伯雄认为，供应链是供应商、销售商等企业以资金、信息等资源为介质，依靠分工和合作的方式实现的价值增值过程。

从以上学者的观点我们可以总结出，供应链既是供应商、生产商、分销商、物流商以及零售商在产品生产、流通和最终消费环节所形成的供需链，也是一条随着产品生产过程进行分工合作而增加其价值的增值链。

（二）供应链管理

随着供应链理论的提出，人们对于供应链应该如何管理也渐渐有了比较深刻的认识。美国 William C. Copacino 认为供应链管理是一种系统管理艺术，涉及从原料的提供到最终用户消费整个分配流程。Frazele 认为供应链管理是对供应链的网状而非链状或线状管理，是一个与供应商和客户相连的包括各种设施设备的物流信息系统。我国学者熊杰、王喜富将供应链管理定义为以整个供应链成本最小化和满足客户服务水平为目标，将产品提供者、销售商等组织起来进行生产活动的管理方法。何荣宣则将供应链管理看作是在供应链中对所涉及的各个环节、资源以及贸易商进行控制管理和规划的过程，是一种集成式管理。

简单来说，供应链管理是指通过增强供应链成员之间的关系来整合生产活动的众多环节，以实现资源的优化配置和经营的可持续发展。可以看到，供应链管理理念在关注核心竞争力的同时，强调合作和资源的利用，即企业以服务客户的满意度为管理宗旨，通过信息、物流、组织等网络来实现资源的充分利用，最终达到利润增长的目的。

二、协同理论

从古至今，协同理论一直存在于中华民族的智慧当中，服务于我们的日常生活。无论是老子“和而不同”的哲学思想，1 + 1 > 2 的数学智慧，还是“蚁团效应”的自然发现，无不闪耀着协同理念的光芒。

1976 年，哈肯（Hermann Haken）在其著作中首次提出协同理论的概念，并对其进行了详细的阐述。他的基本思想和内涵是指在一个非平衡复杂的开放体系下，组织内部的子系统会自发地按照某一规则自动形成一定有序的功能和结构，最终形成一种从混沌到清晰、从无序到有序的状态。

协同理论强调合作，但并不否认竞争。协同理论认为竞争能够最大程度激发要素功能，提高运行效率，实现要素之间的良性互动，从而达到系统功能放大。可以说，协同理论的内在机理就是通过某种规则和手段将竞争与合作有机结合起来，寻找二者之间的平衡点，形成竞争—合作—协同的良性循环机制，最终推动系统资源的最优化配置。协同理论的本质就在于各系统要素按照某种规则方式，相互之间通过竞争、合作和协调等方式，并由此产生主导整个系统发展的中坚力量——序参量，实现对现有资源的充分利用、对外部资源的深刻认识以及对未来潜在资源的充分创造，以实现系统整体利益的最大化。

三、物流战略联盟理论

迈克尔·波特在《竞争优势》中提出，联盟是指企业之间进行长期合作，它超越正常的市场交易但又未达到合并的程度，联盟的方式包括技术许可证、供应协定、营销协定和合资企业。战略联盟无需扩大企业规模，就可以扩展企业市场边界。据联合国跨国公司研究中心的统计，20 世纪中期以后，越来越多的企业开始把建立战略联盟作为主要竞争手段。物流企业也不例外，物流领域的合作也终将以战略联盟的形式出现。物流战略联盟模式有多种类型，其中物流联盟和物流虚拟企业是长三角物流业整合应优先选择的模式。

（一）物流联盟

物流联盟是物流的主要生产组织模式之一，指物流提供方——物流企业与物流需求方——工商企业为了提高物流质量、降低物流成本、增强物流竞争能力，通过一定的协议，相互合作，共担风险，共享收益而形成的一种物流供需双方的分工协作、互相信任、互相促进的物流合作形式。物流联盟通常是“一对一”特殊的个性化协作关系，它区别于一般的仅提供标准化服务的物流协议，是为满足客户与物流企业双方的业务发展需要而为客户量身订制的专用物流解决方案，并且物流联盟之间的合作通常是建立在“双赢”原则上的长期合作伙伴关系，双方共享物流服务和增值服务过程中产生的收益。

（二）物流虚拟企业

物流虚拟企业是区别于物流联盟的另一种生产组织模式，它是以一个综合型物流企业为核心，联合众多的专业型物流企业包括其他综合型物流企业的单项物流能力，通过一定的协议，为完成一项或者一个时期内的物流项目而成立的虚拟经营组织。物流虚拟企业强调通过物流企业间的优势互补和风险共担进行合作，是一种实现敏捷物流、适应快速反应的组织方式。它能够有效配置资源，避免重复建设。同时，它实现了不同物流企业跨地区、跨领域的联合，促使物流企业间资金、设备、技术、人才等要素合理运作，具有很强的市场应变能力，从而适应多变且不确定的物流市场需求。物流虚拟企业由于要在大范围内实现物流资源的整合，因此对信息技术的依赖程度很高，随着互联网技术的不断发展与普及，越来越多的物流企业将采用物流虚拟企业这种组织方式获取竞争优势。

四、增长极理论及其与皖江口岸进出口物流的关联

（一）概念

增长极是由法国经济学家弗郎索瓦·佩鲁提出来的。他认为，如果把发生支配效应的经济空间看作力场，那么位于这个力场中的推进性单元就可以称之为增长极。法国的另一位经济学家布代维尔认为，经济空间是经济变量在地理空间之中或之上的运用，增长极在拥有推进型产业的复合体城镇中出现。因此，他定义：增长极是指在城市配置不断扩大的工业综合体，并在影响范围内引导经济活动的进一步发展。布代维尔主张，通过“最有效地规划配置增长极并通过其推进工业的机制”，来促进区域经济的发展。

（二）内容

第一是把主导产业部门作为增长极的研究。该研究表明了经济空间是非均衡的且存在于极化过程中，经济单元之间存在着不对称和不可逆转的支配效应，处于支配地位的经济单元具有推动效应。这种经济单元即推进型单元和主导产业，一般具有规模大、创新能力高、增长快速、发展潜力大、关联效应大等特点，其产生外部经济的能力有赖于其前向、后向联系强度，联系强度越大，其产生的外部经济能力越强，因而推动效应也就越大。一般说来，增长首先出现于主导产业部门，并日益成为增长极，通过关联效应，带动其他相关产业的发展，最终促进整个经济的发展。第二是以具体空间单元作为增长极的研究。其核心内容是：具有优势的地区随着产业聚集日益成为增长极，通过增长极产生的

扩散效应，带动邻近地区的共同发展。一般说来，增长极对周围地区产生的极化扩散效应，其强度是随时间变化的。

（三）增长极理论与优化皖江口岸进出口物流联动的关系

皖江口岸进出口物流联动体系的创设必须首先确立皖江口岸进出口物流中心口岸的选址与建设方案。皖江口岸群具备以下条件：一是经济与社会以及相关口岸基础设施条件日趋成熟，辐射范围大、带动效应广；二是资源丰富，经济前景光明；三是皖江口岸进出口物流联动机制的早日成熟能够优化区域内口岸所在的经济结构；四是皖江内部重点产业和口岸中心建立的潜在空间条件成熟。必须打造一个拥有集散聚合能力的口岸进出口物流中心作为示范，以此来带动区域内部其他口岸甚至口岸内部的产业发展作为增长极，集巨资打造进出口物流方面所需的相关设施；优化口岸进出口物流联动机制，扩大口岸进出口物流服务的辐射带动效应。利用构建“长江经济带”“皖江城市带”的有利条件框架，将皖江口岸中心逐步升级为“皖江城市经济物流贸易综合区”，最终发挥增长极的极化效应和扩散效应以及示范效应。集合整体可发挥皖江口岸进出口物流联动的“威力”，通过产业的分工和物流产业链的延长，打造口岸进出口物流联动体系。会助力安徽省物流产业带动与之相关配套产业的自我更新，为皖江地区经济发展添上一份力。

五、产业集聚理论及其与优化口岸进出口物流的关系

（一）产业集聚概念

产业集聚是指同一产业在某个特定地理区域内高度集中，产业资本要素在空间范围内不断汇聚的一个过程。产业集聚问题的研究产生于

19世纪末。马歇尔在1890年就开始关注产业集聚这一经济现象，并提出了两个重要的概念，即“内部经济”和“外部经济”。马歇尔之后，产业集聚理论有了较大的发展，出现了许多流派。比较有影响的有：韦伯的区位集聚论、熊彼特的创新产业集聚论、E·M·胡佛的产业集聚最佳规模论、波特的企业竞争优势与钻石模型等。

（二）产业集聚模式

产业集聚模式分为两种。第一种是市场创造模式。区域内首先出现专业化市场，继而为产业集聚的形成创造了重要的市场交易条件和信息条件，最后使产业的生产过程也聚集在市场的周围。在我国，市场创造模式形成产业集聚的典型地区是浙江省，该省内有许多颇具规模的专业化市场，最终形成了一个个具有完整产业链的产业集群。第二种是资本转移模式。当一个规模较大的企业出于接近市场或节约经营成本的考虑，在生产区位上作出重新选择，并投资于一个新地区的时候，有可能引发同类企业和相关企业朝这个地区汇聚。这样一种产业集聚的形成，主要是通过一定数量的资本从外部的迁入。目前，国内在资本迁移模式下形成的产业集聚或产业集群有很多，其中起推动和促进作用的迁移性资本主要是外商直接投资。

（三）产业集聚与优化皖江口岸进出口物流联动的关系

皖江口岸内部的产业集聚可使相关企业共同分享信息，可利用规模经济和自身优势来削减交易成本，加速口岸内相关企业管理科学化进程，优化技术的创新和扩散。企业共建进出口物流链，让外部规模经济在皖江口岸内部得到充分利用。口岸内部的产业集聚及配套合作会对皖江口岸进出口物流联动体系产生正相关效应。

第四章

皖江口岸及进出口物流联动发展现况

皖江口岸群拥有合肥口岸、马鞍山口岸、芜湖口岸、铜陵口岸、池州口岸、安庆口岸六大口岸，区域内基础设施建设也在日趋完善之中，将皖江各个口岸逐渐连接成为一个整体。

当前安徽省产业结构需要转型升级，伴随着安徽省的居民消费异质化需求的增长，电子商务、网络消费等新兴业态迅猛涌现，也将对传统物流产业实现革新，物流产业也应调整转型以适应新业态的发展。同时从客观趋势上看，全国简政放权力度进一步加大，大众创业、万众创新加快推进，以及国家启动新一轮以补短板为重点的基础设施建设，都将为皖江口岸进出口物流产业联动体系提供更加有利的制度环境和基础设施。

安徽省“十三五”物流业规划给皖江口岸进出口物流的加快发展带来新的机遇和挑战。当前“一带一路”倡议和“长江经济带”战略正在加速实施，安徽省应抓住这一有利时机，将皖江口岸进出口物流全面对接于长三角物流一体化和贸易便利化的建设当中。还应加快融入海内外经济大循环圈，以务实求真为合作宗旨，推动物流、商流、信息流、资金流“四流”交汇融通，实现皖江口岸进出口物流水平与服务的升级。为此，安徽省委、省政府高度重视发展皖江口岸进出口物流联动一体化进展，通过规划引导、政策扶持、项目带动等形式逐步推动皖江口岸进出口物流联动体系建立。

一、皖江口岸进出口物流整体概况

皖江口岸进出口物流运量如图 4 - 1 所示。图中数据表明，2008 年至今，其进出口总量呈波动上升之势。2008 年发生的金融危机，导致安徽省内外需不振，所以 2008—2009 年进出口运量锐减。为扭转颓势，政府果断采取振兴皖江口岸进出口的针对性举措，而后效果较为显著，自 2010 年之后进出口运量渐成上升之势。受此启发，皖江口岸之间开始进行整合，优化内部基础设施建设，措施得力有效，从 2013 年起皖江口岸进出口运量方面呈加速上升趋势。

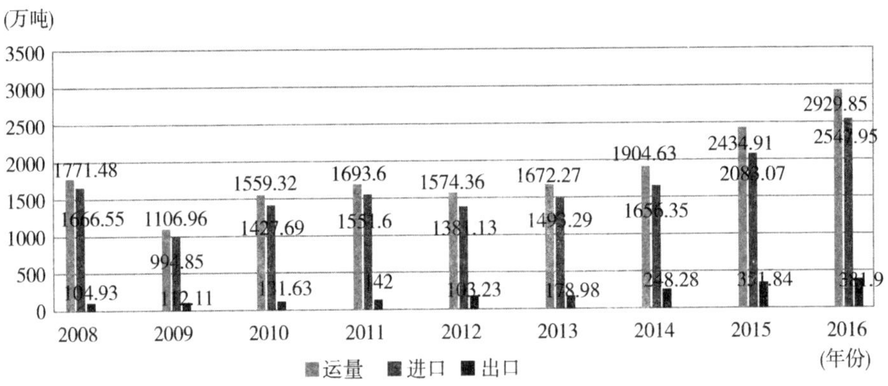

图 4 - 1　2008 - 2016 年皖江口岸进出口运量变动表

数据来源：安徽省商务厅网站

其他方面，如标箱与客运量。如下面皖江口岸进出口物流状况表所示，标箱数量在逐年递增，自 2008 年至今已增加了 6. 03 倍；同时，客运量人次已增加了 12. 5 倍，同期飞机架次增加了 10. 22 倍。口岸航空港和内部码头相关指标迅速上升，预示着皖江口岸进出口物流方面发展形势良好，皖江口岸联动一体化进程稳步推进。

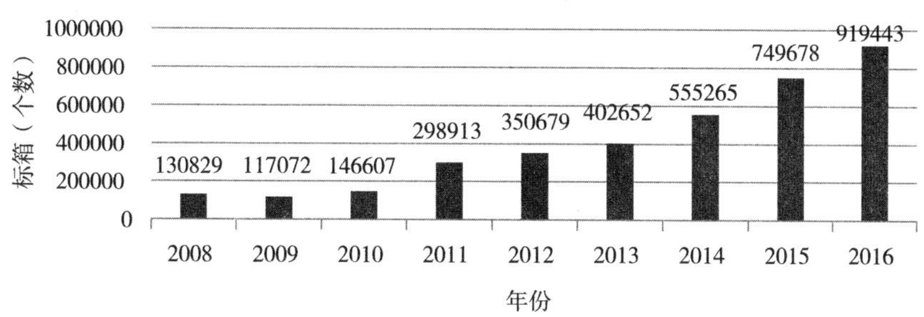

图 4－2　2008－2016 年皖江口岸进出口标箱变动趋势

数据来源：安徽省商务厅网站

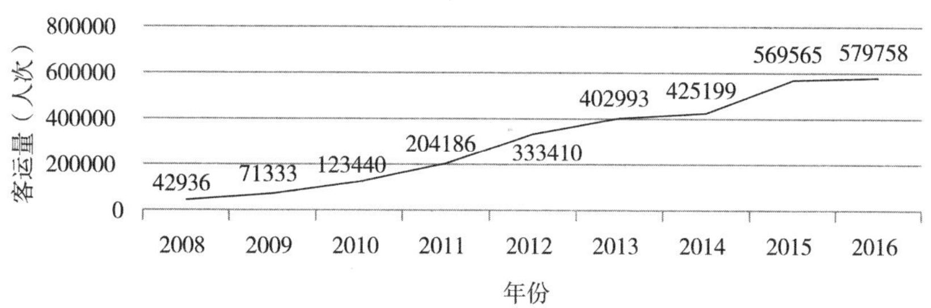

图 4－3　2008－2016 年皖江口岸客运量变动趋势

数据来源：安徽省商务厅网站

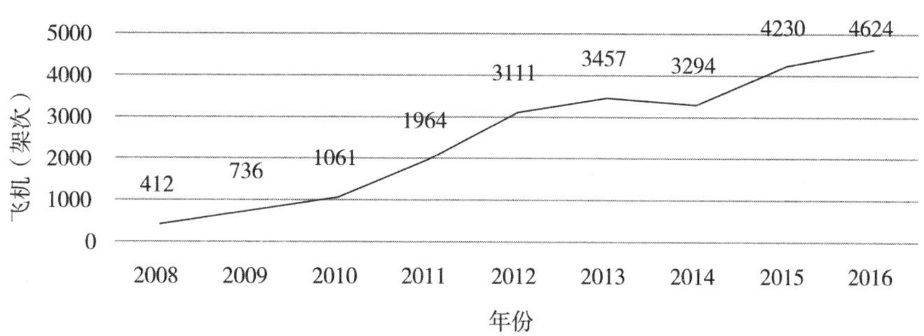

图 4－4　2008－2016 年皖江口岸航空港飞机变动趋势

数据来源：安徽省商务厅网站

至于口岸利用率，结合图 4－5，我们发现皖江口岸整体的利用率从2008年的0.38，一跃攀升至2016年的0.91。近几年口岸整体利用率的提升，预示着皖江口岸进出口物流联动发展日渐成效。皖江地区经济发展迅速，会进一步提升皖江口岸的利用效率。

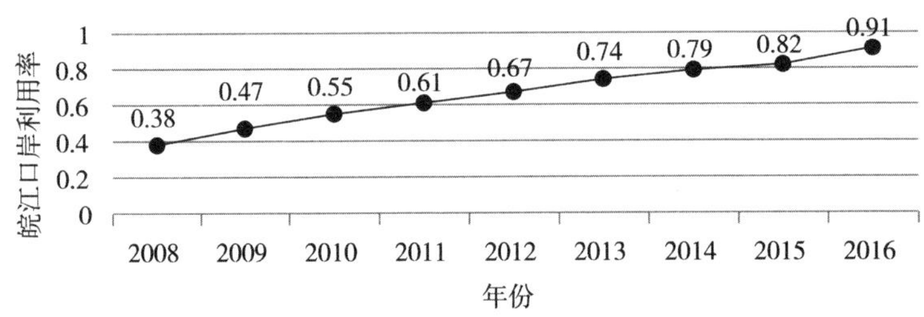

图4-5　2008-2016年皖江口岸利用率

数据来源：安徽省统计年鉴

二、皖江口岸进出口物流综合环境

口岸进出口物流的发展不仅受制于口岸当地的自然资源和后期建设状况，腹地城市的经济发展水平以及周边口岸的竞争也对口岸进出口物流的发展产生极大的影响。皖江流域是安徽省经济实力最强，最具发展活力和发展潜力的地区。

（一）岸线资源和区域交通网络基本概况

表4-1　截至2014年皖江口岸岸线资源概况

口岸/指标	码头长度（km）	生产经营性泊位（个）		
		总数	5000吨级及以上	对外籍轮开放
合肥	/	238	/	/

续表

口岸/指标	码头长度（km）	生产经营性泊位（个）		
		总数	5000 吨级及以上	对外籍轮开放
芜湖	13.45	131	54	6
马鞍山	10.75	157	22	1
池州	6.6	142	/	/
安庆	11.74	161	21	2
铜陵	10.22	106	19	/

数据来源：中国港口年鉴（2015 年）

（二）运营总体状况

表 4－2　2015 年皖江口岸货物吞吐量和完成集装箱数

指标/城市	合肥	芜湖	马鞍山	池州	安庆	铜陵
货物吞吐量（万吨）	6500	12009.1	9205	4136.7	4002	8011.4
完成集装箱（万 TEU）	1808	5015	1851	142	510	400

数据来源：中国港口年鉴（2016 年）

从表 4－2 和图 4－6、图 4－7 中的数据我们可以看到，2011 年以来，皖江六口岸货物吞吐量和集装箱完成量均获得较快增长，港口经营状况基本良好，其中芜湖港的表现尤为突出。“十二五”期间芜湖港在货物吞吐量、集装箱完成量以及增速方面连续远超其他口岸，2015 年货物吞吐量为 12009.1 万吨，集装箱完成量达到 5015 万标箱，年平均增长率为 12.1% 和 25.4%，是安徽省最大的港口，也是安徽省首个货物吞吐量超过亿吨的港口。虽然合肥和铜陵两港在 2011 年的货物吞吐量分别为 3225 万吨和 4728 万吨，完成集装箱货运量为 5 万标箱和 1.1 万标箱，在皖江六口岸排名中较为靠后，但在整个“十二五”期间，合肥港货物吞吐量和完成集装箱增速分别为20.3%和52.3%，位列一二位，曾一度超过马鞍山港；铜陵港两指标的增速分别为13.9%和52.7%，位列二一两位，增长趋势明显，发展潜力巨大。合肥和铜陵两港港口业务发展迅猛主要得益于几年来腹地城市经济的发展，港口规划建设的完善（合肥港国际集装箱码头一二期工程投入使用、铜陵群力码头建成等）以及政策奖励的充分运用，从而极大促进了港口运营状况的提升。另外，从这两个图中我们也可以看出安庆池州两口岸无论是在货物吞吐量和完成集装箱的总量方面，还是二者的增长率方面，都一直处于较低水平。现阶段的发展基础薄弱，动力不足导致该两口岸在激烈的竞争中处于不利地位。

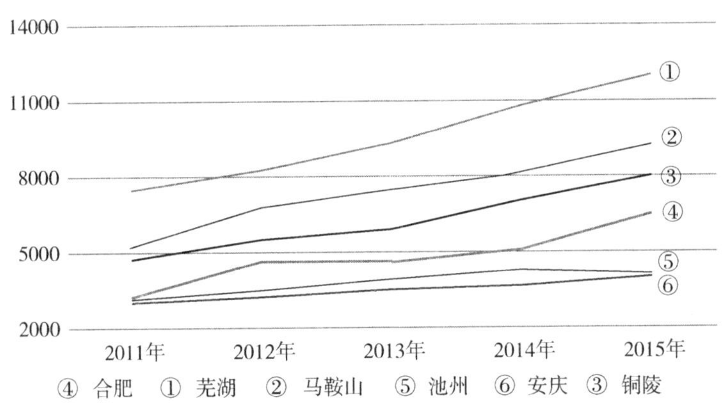

图4－6 “十二五”期间皖江口岸货物吞吐量

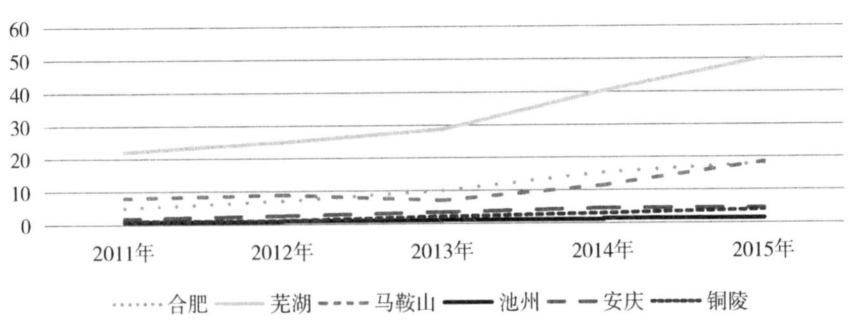

图4－7 “十二五”期间皖江口岸集装箱完成量（万标箱）

（三）货源结构

表 4－3　2014 年皖江口岸分货类吞吐量统计表

城市/指标		分类货物吞吐量（万吨）						滚装汽车吞吐量（万辆）
		煤炭及制品	石油、天然气及制品	金属矿石	非金属矿石	矿建材料	其他	
合计	35611.52	5434.13	586.58	4004.71	4267.44	9541.62	11777.05	8.20
合肥	2201.85	178.08	28.82	194.22	210.53	831.04	969.69	
芜湖	10847.41	1827.92	152.00	874.32	1595.59	2332.02	4065.56	8.20
马鞍山	8100.86	879.68	23.47	2162.96	447.00	3490.36	1097.39	
池州	4279.28	345.31	44.07	37.96	1266.99	1021.07	1563.88	
安庆	3137.04	490.09	310.55	166.84	60.00	696.52	1413.04	
铜陵	7045.08	1713.05	27.67	568.41	897.86	1170.61	2667.49	

数据来源：中国港口年鉴（2015）

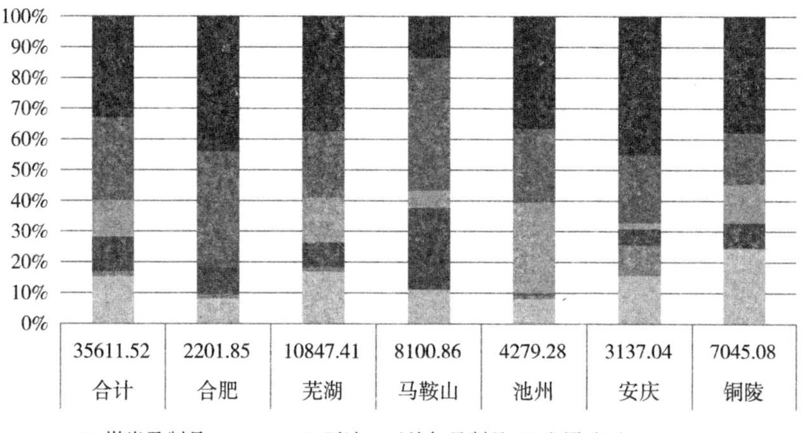

图 4－8　2014 年分货类吞吐量统计表

表 4-4 2012—2014 年各口岸分货类占比统计表

	煤炭及制品（%）	石油、天然气及制品（%）	矿石（%）	矿建材料（%）	其他（%）
合肥					
2012 年	4.5	1.6	23	31.5	39.4
2013 年	7.1	1.4	17.4	31.2	42.8
2014 年	8.1	1.3	8.8	37.7	44
芜湖					
2012 年	17.4	1.8	30.6	15.6	34.6
2013 年	18.8	1.3	27.5	17	35.5
2014 年	16.9	1.4	22.8	21.5	37.5
马鞍山					
2012 年	8.9	0.4	40	35.4	15.2
2013 年	10.2	0.3	38.4	36.9	14.1
2014 年	10.9	0.3	32.2	43.1	13.5
池州					
2012 年	9.4	1.1	28.1	20.8	40.7
2013 年	8.6	1.2	28.2	23.1	38.9
2014 年	8.1	1	30.5	23.9	36.5
安庆					
2012 年	13.4	7.2	3.8	33.7	41.9
2013 年	17	8.5	6.4	21.5	46.6
2014 年	15.6	9.9	7.2	22.2	45
铜陵					
2012 年	12.4	0.3	15.4	23.4	48.5
2013 年	15.6	0.4	17.3	15.8	51
2014 年	24.3	0.4	20.8	16.6	37.9

从表4－3和图4－8我们可以看到，皖江口岸的货物运输主要以煤炭制品、石油天然气及制品、金属矿石、非金属矿石、矿建材料和其他这六大类产品组成，其中前五类产品的附加值较低，一般以散货运输方式为主。其他类中包含的产品主要有钢铁、化工原料、汽车以及工业设备等，这些产品附加值较高，一般适用于集装箱或滚装运输。从表4－3可以看到，2014年除马鞍山口岸外，其余五口岸均以矿建材料、其他类货物和煤矿及制品三类产品为主，占货物总量超70%，口岸货物运输同质化严重，口岸之间多采用降低装卸运输价格等方式来竞争货源，易造成恶性竞争，不利于口岸的长远发展。马鞍山矿建材料和金属矿石占比达到69%，其余类货物占比仅为13.5%，这些货物主要为初级产品，存在附加值低、环境污染大、集装箱利用率不高等问题。

表4－4反映了2011－2013年皖江口岸分货类占比的变化趋势。从该表我们可以看到，五大类货物中，石油天然气及制品在各口岸的占比变化率较小，三年间占比基本持平。合肥和芜湖口岸矿建材料和其他类占比均有较大幅度上升，从而挤占了矿石类的占比，使占比呈现较大降幅。以合肥口岸为例，三年间矿建材料和其他类占比分别上升了6.2%和4.6%，而矿石则下降了14.2%。其主要原因一方面是近几年合肥、芜湖两市基本建设投资得到较快增长，房地产、道路运输以及公共设施不断建设完善，增加了对矿建材料的需求量；另一方面，两市的高新技术产业和战略新兴行业的崛起，产业结构和外贸结构不断优化，机电、家电、汽车、材料等产品出口量持续增加。马鞍山、池州和铜陵口岸的其他类货物占比呈下降趋势，矿建材料马鞍山和芜湖口岸均有一定程度的上升，铜陵则在煤炭制品方面占比有较大幅度的上升，以满足腹地铜陵有色、铜陵电厂、安庆石化等大中型企业的煤炭需求。安庆口岸除了矿建材料占比有所下降外，其他类占比变化量均不大。

（四）腹地城市状况

1. 综合经济状况

表 4－5　2015 年皖江口岸腹地城市综合经济状况

城市/指标	地区生产总值（百亿元）	排名	人均生产总值（万元）	排名	进出口总额（十亿美元）	排名	实际利用外资额（亿美元）	排名	“十二五”期间GDP平均增长率（%）	排名
合肥	56.60	1	7.31	1	20.331	1	25.07	1	11.1	1
芜湖	24.57	2	6.76	2	6.819	2	23	2	9.6	2
马鞍山	13.63	3	6.08	3	2.955	5	19.4	3	3.8	6
池州	5.44	6	3.8	5	5.22	3	2.23	4	9.2	3
安庆	16.13	4	3.11	6	2.445	6	1.83	5	6.5	4
铜陵	7.21	5	5.74	4	4.58	4	2.23	4	4.9	5

数据来源：安徽省统计年鉴（2016 年）

从表 4－5 可以看出，在皖江六口岸腹地城市中合肥和芜湖两市综合经济实力较为突出，远超过其他城市。合肥和芜湖作为全省经济增长的两大驱动力，2015 年主要经济指标（地区生产总值、人均 GDP、实际利用外资额、进出口总额、“十二五”期间 GDP 平均增长率）均位列六口岸城市一二位，表现为极具竞争力的综合经济实力、良好的进出口贸易水平以及稳步前进的发展势头。其中，合肥市的地区生产总值达 56600 亿元，实际利用外资额 25.07 亿美元，是池州市的 10 余倍。“十二五”期间合肥市的 GDP 平均增长率依然高达两位数，为 11.1%，远超全国经济增长速度。另外，合肥和芜湖的第三产业贡献率分别为 40.96% 和 34.6%，产业结构不断优化，形成了以家电、汽车、机械电子为代表的高新技术产业集聚。腹地强大的综合经济实力是合肥口岸和芜湖口岸最有力的支撑和最鲜明的优势，有利于产业集聚和优化，从而为其提供了多样且充足的货源，提高集装箱的生成量。

在上表中，我们可以看到，马鞍山和铜陵两市的人均 GDP 和实际利用外资额虽低于芜湖、合肥两市，但均高于池州、安庆，经济基础良好。但我们也可看到，受制于资源型城市发展的困境，近几年来发展增速缓慢，不利于两口岸未来货物运输的多元化、集装箱化和综合化发展。

池州和安庆由于历史地理等因素，经济基础较为薄弱，外贸进出口发展缓慢。但随着我国经济不断发展，两市牢牢把握各种发展机遇，承接产业转移，优化产业结构，经济增长态势明显，有望为口岸未来的发展提供良好的经济基础。

2. 产业结构

表 4 –6　2015 年皖江口岸各市三产业基本情况统计表

城市/指标	第一产业			第二产业			第三产业		
	总额（亿元）	占比（%）	增长率（%）	总额（亿元）	占比（%）	增长率（%）	总额（亿元）	占比（%）	增长率（%）
合肥	263.43	4.7	10.44	2977.28	52.6	11.05	2419.57	42.7	11.12
芜湖	120.02	4.9	10.43	1405.43	57.2	10.99	931.87	37.9	11.2
马鞍山	79.46	5.8	10.44	773.62	56.7	10.91	512.22	37.5	11.01
池州	70.57	13	10.42	251.33	46.1	10.96	222.84	40.9	10.84
安庆	185.93	13.1	10.4	685.78	48.4	10.63	545.72	38.5	11.07
铜陵	47.24	5.2	10.4	562.93	61.7	10.89	301.43	33.1	11.17

数据来源：安徽统计年鉴（2016 年）

从表 4 –6 我们可以看到，2015 年皖江六口岸腹地城市中合肥市无论是三产业总额、第三产业占比还是增产率都远优于其他城市，各产业发展呈现出坚实的产业基础、快速的增长速度以及不断优化的产业结构等特点。2015 年合肥市 R&D 经费占 GDP 的比重达 3.1%，主要工业制成品叉车、汽车以及家用电器等方面的产量远远高于芜湖市，海关出口金额排名前四位的商品分别为电音响设备、纺织原料及纺织制品、光学、医疗等仪器、钟表及乐器和车辆、航空器、船舶。目前，合肥已经形成了以能源和新能源、家用电器、汽车和装备制造等为主的六大主导产业，这些产业所获得的附加值和环境适应力均有所提升，结构得到不断优化升级。芜湖市产业结构虽与合肥仍然存在一定的差距，但总体状况良好，正在加快构建电子电器、材料、汽车及零部件和电线电缆四大支柱产业，发展潜力巨大。马鞍山和铜陵两市第二产业占比较大，第三产业占比相对比较落后，仅为 37.5% 和 33.1%，和其他四口岸相比，主要在铁矿石、植物油、化学肥料、钢铁、铜及载货汽车等工业产品上占有绝对优势。同时，各产业增长速度以及 R&D 投入比例均高于池州和安庆，特别是马鞍山正着力发展高端数控机床、轨道交通装备、电子信息和节能环保等新兴产业，力争将城市发展动力由资源依靠型转为技术带动型，前景广阔。池州和安庆两市相对于皖江其他口岸城市，第一、第三产业占据较大比重，第二产业比重较小，工业基础薄弱，产业结构不合理。另外，两市各产业增速均低于其他口岸城市，R&D 经费占 GDP 的比重仅为 0.8%，仅为国家平均水平的 1/3，产业结构发展前景堪忧。

（五）现有政策

政策的支持不仅会为口岸的发展带来更加充足的建设资金，吸引高素质的人才，还为其发展方向和发展战略给予宏观层面的引导，使之发展更具方向性。因此，皖江口岸进出口物流整体竞争力的提高离不开各级政府给予的政策支持。

近年来，各级政府都不断加大对皖江口岸的支持力度。一方面加大资金的投入力度。“十二五”期间，安徽水运规划投资240亿元，用于全面改善水运建设；2014年，全省水运总投资规模高达116.5亿元，完成投资额28.89亿元，其中芜湖口岸完成投资额15.9亿元，同比增长了11.9%。其建设资金主要用于航道疏浚、治理和建设，如江淮运河和环巢湖高等级航道网、兆西河航道整治工程、芜申运河航道整治工程；泊位码头的拆除、升级改造和新建，特别是高等级专业化的泊位和集装箱码头的建设，如合肥港国际集装箱码头一二期工程、芜湖口岸的朱家桥外贸码头二期、铜陵口岸的群利码头二期工程；物流园区建设，如芜湖航运业集聚区、拥有四大功能区的合肥港物流园等。伴随着这些口岸建设工程的逐步推进，皖江口岸进出口物流的基础设施将与未来口岸的不断发展相适应。另一方面，各口岸城市也迎来诸多项政策红利所带来的大好发展机遇。伴随着长江经济带、皖江城市带承接产业转移示范区以及“一带一路”倡议等国家发展政策规划的实施，未来安徽省将在产业结构、科技创新、对外贸易等方面实现重大飞跃。作为安徽黄金水道的皖江流域，其口岸的进出口物流必将迎来新一轮的发展机遇。

尽管安徽省和各口岸腹地城市投入大量资金积极进行港口基础设施和航道的治理，以不断改善口岸运输环境，提高口岸竞争力。但是，就当前建设现状而言，各口岸均存在着诸多问题，如重复建设、港口功能重复、各口岸争相打造航运中心、政策建议缺乏针对性和有效性等。以合肥和铜陵口岸为例，合肥口岸主要表现为码头建设过程中新旧码头的衔接问题，新码头尚未建成，旧码头的关停和拆除严重削弱了港口的吞吐能力；集装箱码头不足，目前仅有的南淝河集装箱码头不能满足合肥经济开发区、新港工业园区以及高新区所带来的家电、装备制造、汽车等产业的集装箱生成量；建设资金不足、融资渠道单一以及管理紊乱、审批复杂等问题；铜陵口岸主要表现为以下两方面：一是现有口岸建设落后。目前铜陵口岸主要的功能是为散货提供装卸运输等物流服务，口岸功能未能实现多元化；中级以上的码头仅有40%，且存在装卸设备落后、电子化信息化水平不高、机械化操作水平低等问题，造成铜陵港水上运力保有量的低下和结构的单一。二是后续建设存在诸多问题。2014年铜陵水运建设投资总额为2.38亿元，仅为芜湖港的1/6，投资增长率却高达85%，水运建设投入严重不足。目前虽然铜陵市积极进行口岸的建设规划工作，但政策规划缺乏系统性和实用性，规划发展不明确。

（六）外部竞争状况

皖江各口岸不仅需要面对内部严峻的竞争压力，还需要承受来自长江中上游重庆、湖北等和下游江苏、上海等沿线口岸强大的竞争力。

表4-7　2014年芜湖、武汉、南京三口岸主要指标

港口/指标	芜湖	武汉	南京
生产性泊位（个）	131	243	208
货物吞吐量（万吨）	18000	8150	21000
外贸货物吞吐量	224.32	706	1974.3
集装箱装运量（万TEU）	40.26	100.5	276
主要货种	水泥、煤炭、金属矿、钢铁、化工品、集装箱	金属矿石、矿建、钢铁、煤炭、油气及制品、非金属矿石、水泥、化工	煤炭、石油及制品、金属矿石、集装箱、钢铁、化工原料

资料来源：中国港口年鉴（2015）

表4-7给出了长江安徽段、湖北段和江苏段三个主要口岸芜湖、

武汉和南京口岸的主要发展指标。可以发现，一方面，目前皖江口岸无论是在岸线长度、港口建设、腹地经济等方面相比较于长江湖北段和江苏段均处于比较劣势的地位，其所提供的口岸进出口物流服务也存在一定的差距，竞争压力巨大；三口岸的货种大致相同，口岸距离相近，腹地多有交叉重叠，造成货源同质化严重，腹地争夺也日趋激烈，进一步加剧了对皖江口岸的威胁。目前，安徽省有 80% 的集装箱生成量都流失到外省，竞争形势严峻。另一方面，口岸之间的压制和竞争势必引起其他口岸的反击并由此循环往复。例如，近年来皖江口岸迫于上下游港口的夹逼竞争，大力发展合肥口岸，使得以前从南京港运输的合肥周边货物，选择从合肥口岸运出，南京港的安徽货流量减少了 1/3。在此形式下，南京港 2012 年开始对合肥港的外贸航线实行抵制，进行反击，造成合肥口岸的外贸航线在短短数月就宣告中断。二者之间的恶性竞争，不仅造成了资源的浪费和效率的低下，同时也不利于双方竞争力的提高和持续发展。

三、皖江各口岸及进出口物流现状

（一）马鞍山口岸及其进出口物流现状

马鞍山市是我国重要的钢铁建造基地，依托于钢铁基地的发展，马鞍山口岸业迅速发展成为长江十大口岸之一，地理上距长江入海口仅 320 公里，通航条件好。口岸所在地经济腹地开阔、运输与配送能力强。马鞍山口岸包括马鞍山和采石两个口岸分区，口岸内部拥有码头 16 座，泊位 19 个，总长 890 米，最大靠泊能力 2000 吨级。全年皆可靠泊 3000 ~ 5000 吨级船舶作业。口岸内部拥有大型装卸机械，可快速流通经过口岸的货物。口岸主要经营货种为煤炭、石油、矿建材料、钢铁、粮食等。

2016 年马鞍山口岸累计完成过口岸集装箱 19.8 万标箱，同比增长 50.6%。增幅居长三角的前列，进出口物流方面的成绩骄人，居皖江地区前列。近几年，马鞍山市聚焦“以港兴市”，口岸建设加快推进，交通网络加速编织，临港产业持续发展，服务环境日益优化，对外开放不断深入，融入皖江口岸群的热情不断升温，港口口岸经济呈现快速增长势头。以下是马鞍山口岸近几年进出口贸易累计运量情况汇总表，可以看出其进出口累计运量总体变化幅度较大，上升之势明显。内外需不振导致运量在 2008—2009 年之间下降幅度巨大。但是 2010 年之后，口岸运量在明显处于回升的趋势当中，虽然 2011 -2013 这两年相比之前有所下降，但之后就恢复常态并呈快速增加之势。

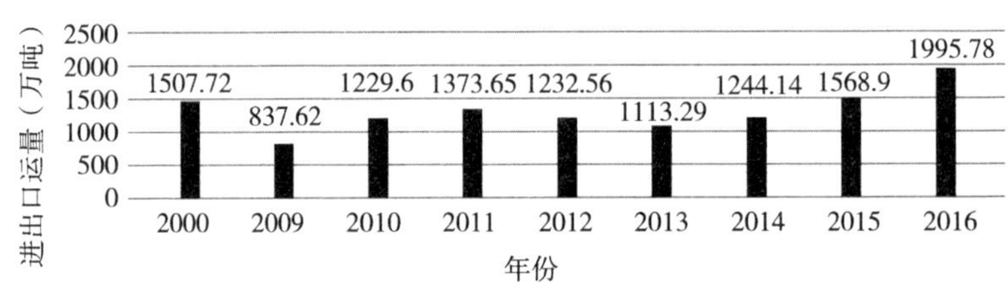

图 4 -9 马鞍山口岸 2008 -2016 年进出口累计运量变化趋势

数据来源：安徽省商务厅口岸办公室

（二）芜湖口岸及其进出口物流现状

1. 芜湖港基本现状

芜湖港是我国 28 个内河主要枢纽港之一，是安徽省最大的货物运输、对外贸易以及集装箱的中转港，是安徽省主要的对外开放和贸易往来的运输渠道，芜湖港口岸有“皖南门户，长江巨埠”之美称。芜湖港口岸位于运漕河、青弋江与长江汇集之处，沿长江向下距离南京港和马鞍山港分别为96千米和48千米。芜湖港口岸的南北岸线全长为190千米，拥有60多座不同种类的泊位，其通过能力每年可达5000万吨。芜湖港的两大主要业务港区分别是芜湖港裕溪口煤码头（长江第一大煤炭能源中转港）和朱家桥外贸码头（安徽省最大的外贸、集装箱主枢纽港）。其中朱家桥外贸码头是安徽省最大的对外贸易和集装箱主要的枢纽港，可以满足各类大宗散货、件杂货、集装箱的装卸等业务需求，已经初步形成了集水路、公路和铁路联合运输、国际班轮运输等于一体的现代化外贸码头；芜湖港裕溪口煤码头目前每年实际的通过能力为1280万吨，最大的年通过能力为1580万吨，煤炭堆场一次堆存能力可达60万吨，是一座综合性现代化的港口，集煤炭中转运输、各类散货、件杂货装卸等于一体的港口。

根据统计，芜湖港口2015年完成港口的货物吞吐量为1.2亿吨，同比去年增加了10.7%。其中港口的外贸货物吞吐量为239.93万吨，同比去年增加了7.0%；港口的集装箱吞吐量为50.15万标准箱，同比去年增加了24.6%。芜湖港的到港船舶为1358艘，同比去年增加了7.5%，其中外籍轮为86艘，同比去年增加了14.7%。2015年芜湖港累计到港作业万吨级船舶超过2450艘次，其中2万吨级船舶超过150艘次。芜湖港作为安徽省最早的对外开放水运一类口岸，目前该港的集装箱总运输量占安徽省总运输量的70%以上。表4－8是2006－2015年芜湖市进出口额、芜湖港口货物吞吐量、外贸吞吐量、集装箱吞吐量的统计数据。依据表4－8，绘制出2006－2015年芜湖市进出口额、芜湖港口货物吞吐量、外贸吞吐量、集装箱吞吐量的变化趋势图，见图4－10。由图4－10可知，芜湖市进出口额、芜湖港口货物吞吐量、外贸吞吐量及集装箱吞吐量的变化趋势大体一致，这说明芜湖港的进出口物流与芜湖市进出口贸易之间关系是正相关的。也就是说，芜湖港的物流业对芜湖市进出口贸易增长具有一定的促进作用。

表 4-8　2006-2015 年芜湖市进出口额、芜湖港口货物吞吐量、外贸吞吐量及集装箱吞吐量

年份	进出口额（万美元）	货物吞吐量（万吨）	外贸吞吐量（万吨）	集装箱吞吐量（万标准箱）
2006	87000	3934	104	10
2007	168000	4681	153.8	16.5
2008	203600	5513.5	173.3	16.4
2009	142800	5709.74	110.17	9.96
2010	261000	6609.44	139.28	14.28
2011	396500	7641	163.4	22.05
2012	462400	8260.10	155.80	25.03
2013	543300	9313	189.87	28.77
2014	644700	10800	224.32	40.26
2015	681900	12000	239.93	50.15

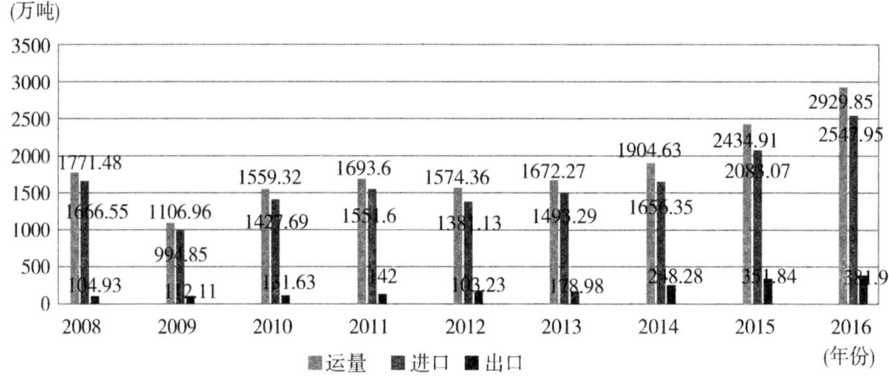

图 4-10　2006-2015 年芜湖港口货物吞吐量、外贸吞吐量及集装箱吞吐量变化趋势①

① 为了使四个变量之间具有可比性，对表 4-8 的统计数据进行了处理。处理方式：芜湖市进出口总额的某一年数据除以 2015 年的数据。同理，对货物吞吐量、外贸吞吐量、集装箱吞吐量这三个变量都作类似处理。如此，可以使得进出口总额、货物吞吐量、外贸吞吐量、集装箱吞吐量这四个变量从 2006-2015 年任意一年的数据都位于［0-1］区间。

2. 芜湖港基本特点

芜湖港的运行主要具有以下几个特点：一是产业转移、大规模项目投入以及物流整治等所带来的支撑作用比较显著。二是临近港口的工业和物流业园区与港口之间已经逐渐形成了区域性港口联动、优势互补的良好发展趋势。三是芜湖港运输的货物种类的结构向多样化的方向发展，芜湖港在巩固如非金属矿、零部件、矿石、水泥、矿建材料、重装备等传统型的大宗散货货物种类的基础之上，大幅度地增加如商品汽车、配煤、电子电器、化工品、成品油等高附加值货物种类的运输。四是港口货物的出港吞吐量远超进港吞吐量，其中出港的货物主要是运往长江三角洲港口，而外贸集装箱、商品汽车、化工品等货物主要是通过上海港进行中转然后再运输出口。由此可见，芜湖港与长江三角洲港口之间的联系越来越紧密。

（三）铜陵口岸及其进出口物流现状

铜陵口岸现有码头 13 座，泊位 22 个，总长 799 米。最大靠泊能力约 5000 吨级铁路；港作拖轮 4 艘、大型装卸设备 74 台。铜陵口岸交通便利，口岸港区公路可达安徽省内各行政区域，内部的铜陵长江大桥连接江淮，使得皖江经济地带逐渐连成一体，有利于皖江口岸进出口物流联动一体化的发展。当今铜陵口岸作为安徽省电解铜、熔渣、纺织品的集散物流地以及进口磷矿、煤炭、铁矿、铜精砂等货种装卸任务地，其格局已逐步形成了以散货装卸为主，兼有客运和件杂货水陆中转的中型综合性口岸港。为促进地域经济的发展，铜陵口岸高度重视皖江口岸进出口物流联动一体化的发展，制定了相关政策来对接皖江口岸群进出口物流联动一体化的建设和发展。

铜陵口岸主要是以铜制成品或半成品为主体，以能源、水果等物品为辅助，多种产品集成配送进行进出口货物物流运输的口岸。自2012年以来，铜陵口岸进出口货值、集装箱吞吐量、到口岸船舶数量等指标都稳步增长，2016年铜陵港口岸累计运量达305.52万吨，同比增长9.4%；过口岸集装箱运量达23781个标箱，同比增长50.3%；到港船舶数达503艘，同比增长30.1%。从铜陵港口岸2008－2016年进出口贸易累计运量统计表可以看出，铜陵口岸进出口贸易累计运量整体呈上升趋势，2008－2012年波动较大，2012年至今呈稳步上升之势。

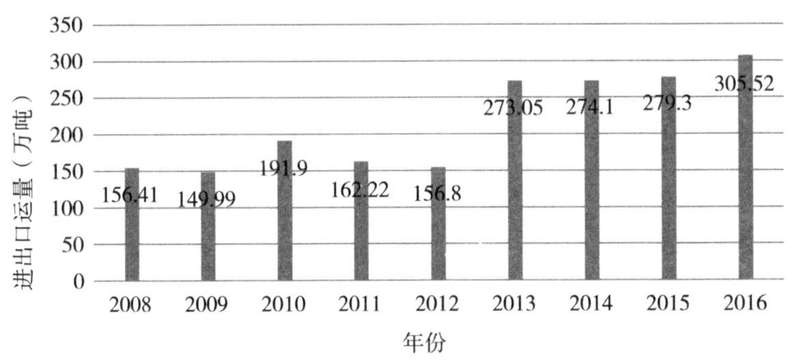

图4－11　铜陵口岸2008－2016年进出口累计运量变化趋势

数据来源：安徽省商务厅口岸办公室

（四）池州口岸及其进出口物流现状

池州口岸是国家一类口岸，同时也是游客进入“两山一湖”地区的重要长江通道口岸。口岸内部构成是以老池州口岸分区为主体，按照钱江口和吉阳现有规划中两个口岸分区为辅助而产生的多元化、配套协作的口岸港区。全口岸共有泊位71个，长江干流泊位62个，内河泊位9个，其最大靠泊能力10000吨级，年通过能力超过1000万吨。目前，池州口岸的打造正在全力推进之中。按照安徽省政府制定的“十三五”物流业发展规划，池州口岸基础设施总量会不断增加。池州旅游码头是池州口岸的一大特色，同时皖江口岸中停靠涉外游轮唯一的旅游码头，年接待入境游客近 4 万人次。池州港口岸的发展应均衡协调，利用自身的旅游资源来打造特色旅游港口岸。

在 2016 年，池州口岸国际集装箱物流运量快速增长，全年口岸进出口累计运量已达 100.2 万吨，同比增长 18.3%，创池州口岸历史新高；到港外贸船舶 346 艘次，同比增长 4.2%。主要过港口岸原料货物包括水泥熟料、非金属矿石、矿建材料和煤炭，以满足池州市的经济建设需要。自 2015 年以来，池州口岸围绕建立“两高一首”产业和重点园区，实施“一区一策”促其口岸内部完成异质化发展，形成有色金属、农副产品、机械装备、非金属高新技术材料等进出口产业集群。以下是池州口岸 2008－2016 年进出口累计运量统计表，可以看出，进出口累计总量呈上升趋势，但是 2008－2013 年波动较大，2013 年至今呈快速上升之势。

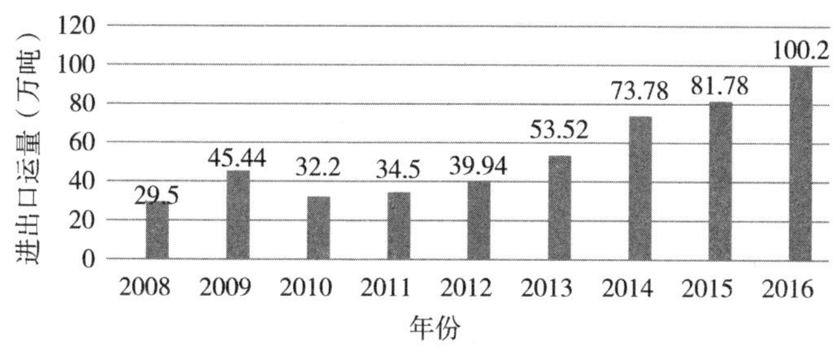

图 4－12 池州口岸 2008－2016 年进出口累计运量变化趋势

数据来源：安徽省商务厅口岸办公室

（五）安庆口岸及其进出口物流现状

安庆口岸紧邻经济发达的长江三角洲地区，是国家一类口岸，是长江黄金水道连接东北和西部地区的重要进出口物流运输节点枢纽。安庆口岸内部分区合理，分工协作精密，口岸配套设施健全，内部有停靠大型船只泊位 200 多个。其中主要生产用泊位 180 多个，5000 吨级泊位

10个。随着安徽省经济腹地的不断开发和产业结构的优化，产业配套的逐步完善使得安庆口岸资源进一步整合，给口岸开发带来巨大的机会，以及集疏运体系配套、物流及信息平台等基础设施建设和完备，安庆口岸中心港区将发展成为具有装卸中转、多式联运、商贸物流、保税仓储、临港开发、旅游客运等功能的综合性港区和区域性枢纽港，将在区域及地方社会经济发展和综合交通体系中发挥重要作用。未来也将紧紧抓住利用直航的开通时机，充分利用皖江北岸深水良港的有利条件，加快与周边口岸的联动，争取尽早建成皖西南、长江中下游北岸集多种运输方式为一体，布局合理、功能完善、服务高效、环境美好的区域性中心枢纽港口口岸。自从安庆口岸获得全国进境粮食指定口岸之后，获批类型为水运集装箱类，成为皖江地区首次获批的进境粮食指定口岸。2016年，安庆口岸累计运量74.1万吨，同比增长33.4%；过口岸集装箱运量完成47542标箱，同比增长11.3%；外贸货物运量达到25.05万吨，同比增长13.6%。以下是安庆口岸2008－2016年进出口贸易累计运量统计表，可以看出累计运量上升迅速，2010年之后进出口贸易方面得到了跨越式的发展。

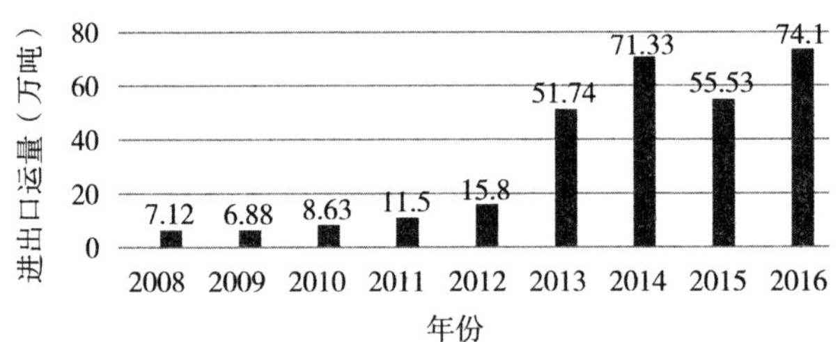

图4－13　安庆口岸2008－2016年进出口累计运量变化趋势

数据来源：安徽省商务厅口岸办公室

（六）合肥口岸及其进出口物流现状

合肥口岸地处长江、淮河之间，由南淝河、店埠河、派河、丰乐河、临湖、居巢、散兵、庐江 8 个口岸港区组成，港口口岸岸线总长 75961 米，港口已开发利用岸线 10550 米，共有码头 107 座、泊位 245 个，其中千吨级以上泊位 33 个，年综合通过能力 5700 万吨。合肥口岸的腹地经济较发达，现已形成化工、机械、建材、纺织、粮油食品、集装箱码头等 20 多个行业，产业结构合理，辐射带动能力卓越。伴随着合肥口岸的建设完工，皖江地区承接来自东部地区的产业转移最大的口岸宣告完工，也提供了合肥港口岸与皖江其他口岸的无缝对接的平台，更加快皖江口岸群与长三角口岸群的协同整合，从而构建“长江经济带”的辉煌发展。

合肥口岸的发展日新月异，口岸内部的集装箱装运港分区码头的落成，为皖江地区所需的集装箱、大宗货品、原材料、能源的物流运输提供便捷的场所。目前整车运输配送以及家电等工业制成品进出口物流业务已占据了合肥港口岸进出口物流业务的大部分，口岸分区建设还在细致规划之中，口岸内部争取早日实现内部协同一体化。合肥口岸自 2010 年 12 月投入运营以来，一直保持快速发展势头。2016 年合肥口岸集装箱业务运量再创佳绩，全年完成运量 14.6 万标箱，同比增长 26.1%。口岸累计运输人数呈现爆炸式增长，在近 9 年的时间内累计运输人次增加了 11.03 倍。

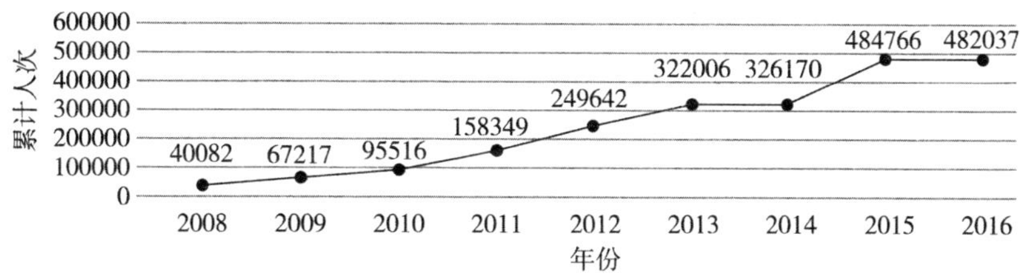

图 4－14 合肥口岸 2008－2016 年进出口累计运量变化趋势

数据来源：安徽省商务厅口岸办公室

从以上情况中可以简要看出皖江各口岸间还缺乏有效的联动方式，

近年来皖江口岸间同质化发展倾向严重，各口岸尚不能突出自身的特点和优势。因此需要进一步地分析各个口岸的状况，以此为基础得出最行之有效的联动发展方法，以实现皖江口岸的整体崛起。

四、皖江口岸进出口物流的共性特点与作用

皖江口岸进出口物流的实质体现在，对外可以利用口岸的开放及交换能力，将自身的影响拓展辐射至全球的各个方位；对内可以延伸到国内的各个行政区域甚至乡镇一级行政单位。具体来说，一是涉及国家的机构众多，如海关、工商、税务等相关部门，具有极强的经济与政治特性。二是口岸进出口物流运输量巨大，可将几十万吨的货物在极短的时间内集合、装载或卸载完成，可依据相异的需求将货物运送至不同的目的地。三是口岸进出口物流通关即时性高。其特殊性包含以下几点。

（一）管理机构多，需要相对集中协调

涉及的口岸相关管理部门主要包括检查检验和综合管理两部分。检查检验是口岸的日常管理工作，由海关、边防、卫检、动植检、商检等部门分工负责。综合管理是口岸的横向协调管理，由地方政府负责。检查检验单位对业务单位来讲是管理机构，对综合管理机构来讲又是被协调的对象。加上皖江口岸进出口物流联动发展的需求，必须集中有关机构加以协调管理。

（二）产生的经济效益回报高

随着皖江口岸进出口物流联动不断的优化，进出口物流方面所蕴藏宏、微观经济效益的高回报得以体现。既体现物流管理层面的微观经济

价值，也通过优化口岸进出口物流管理结构，降低进出口货物以及服务的相关成本，促进安徽省外向型经济效益以及皖江区域企业在外向型竞争中的长远经济价值的增长。

（三）口岸进出口物流效率对所在地经济的影响深远

皖江口岸物流活动的集中程度和较大的物流活动规模，加上口岸地区物流活动涉及内陆集疏运输、仓储、保税加工、通关、港口服务等多个环节和过程，口岸物流成本在整个对外贸易额中将占有相当的份额。为了保证安徽省外向型经济的稳步增长，我省经济的外向依存度依然较高。因此，物流效率对经济的发展产生的重要影响越发明显。皖江各口岸及其中心应该加快速度从原来的集散中转中心向综合物流中心转变，皖江口岸进出口物流中心要逐渐演变为集运输、转运、保税、金融、仓储、加工、信息处理等功能于一体的综合物流枢纽。

五、皖江口岸物流国际贸易“单一窗口”建设卓有成效

2017 年以来，在国家口岸管理办公室的统筹部署下，安徽省厅（省口岸办）高度重视，明确分工，成立专班，指定专人，加快推进建设进度。中国（安徽）国际贸易单一窗口机房、数据中心、运维中心和办公场地等逐步建成。

2017 年 8 月 22 日，安徽在合肥、马鞍山、芜湖 3 个口岸试点中国（安徽）国际贸易“单一窗口”标准版，重点安排中外运安徽有限公司、中外运空运发展股份有限公司安徽分公司、安徽国际货物运输公司、安徽顺诚国际物流股份有限公司 4 家试点企业，推广应用标准版货

物报关报检申报功能。截至2017年11月底，国际贸易“单一窗口”标准版平台货物申报4559票，其中报关1554票、报检2313票、专业版589票、企业资质19票、农药贸易许可申报84票，报检覆盖率达80%以上，报关覆盖率稳步提升。

截至2017年底，中国（安徽）国际贸易“单一窗口”标准版在全省正式推广，安徽省正式建成国际贸易“单一窗口”，实现全省口岸及相关功能的全覆盖。作为复制推广上海自贸区等试点经验的成果，国际贸易“单一窗口”是指参与国际贸易和运输的各方，通过单一的平台提交标准化信息和单证，以满足相关法律法规及管理要求，最终实现全省口岸之间信息互换、监管互认、执法互助，中央与地方、地方与地方国际贸易“单一窗口”的互联互通。企业只需要一次性向贸易管理部门提交相应的信息和单证，即可由统一平台进行一次性高效处理，不再需要拿多个认证，跑多个部门。

安徽推广“单一窗口”主要围绕国家要求的年底前所有口岸全覆盖总目标，采取有效措施，将试点范围扩大到全省所有的水运、航空、铁路口岸及口岸功能区。同时，将试点功能扩大至货物申报、舱单申报、运输工具申报、贸易许可申领、原产地证书申领、企业资质办理、查询统计7个项目；出口退税申报、税费支付两项功能待国家开发完成后也一并推广，实现标准版大通关全流程业务办理。在现有功能相对成熟稳定的基础上，未来还将继续扩大中国（安徽）国际贸易“单一窗口”业务办理范围，支持将海关特殊监管区域、跨境电商综合试验区、中欧国际货运班列等相关业务纳入“单一窗口”办理。

目前，安徽省国际贸易“单一窗口”已建成并上线运行，中国（安徽）国际贸易“单一窗口”报关覆盖率达50%以上、报检覆盖率达100%，完成国家要求的今年年底覆盖率30%的目标，按时完成建成我省国际贸易“单一窗口”的任务。在可以预计的未来，中国（安徽）

国际贸易单一窗口建设必然会得到进一步完善，“单一窗口”各项功能的申报量和覆盖率会得到持续扩大，“单一窗口”集申报、监管、物流等政务和商务服务于一体的国际贸易平台作用日益凸显，皖江进出口物流产业的效率必然会水涨船高。

六、皖江区域口岸与域外联动的成就

安徽省自2012年正式加入长三角区域大通关建设协作机制以来，一直致力于融入长三角经济圈，开展长三角口岸城市群大通关合作重点项目落实推动工作，举办长三角口岸城市群大通关合作皖沪、皖苏项目对接会，就口岸港口基础设施建设，临港经济园区建设，航运物流，船务、船代、货代企业引进，航线航班开通以及通关一体化等项目，进行洽谈合作。2014年安徽省作为长三角区域大通关建设协作轮值方，与上海、江苏和浙江口岸单位以项目合作方式，围绕区域通关改革、信息互通共享、口岸多式物流联动发展、进出口信用管理模式建立4方面重点环节，选择企业迫切需求且有较好基础的合作项目，明确工作目标，建立专题协作组织，务实推动项目合作。按照长三角区域大通关的总体框架，在贸易便利化的总体要求下，推进无纸化通关，合肥海关、安徽出入境检验检疫局共同开展关检“一次申报、一次查验、一次放行”在马鞍山和铜陵口岸试点，下半年在芜湖等沿江一类口岸扩大“三个一”实施范围，2015年在全省所有口岸全面推广关检“三个一”通关模式。与此同时，在软实力方面，安徽省以上海自贸区为标杆，推动港口贸易的便利化。同时，在政策配套、监管模式、人才引进等方面，力争缩小与自贸区的制度和政策差距。

安徽省完善长三角区域多式联运体系建设，积极推进马鞍山、芜湖、铜陵、池州和安庆 5 个口岸形成水运口岸联盟，整体开展对外合作。进一步优化五定班轮运营模式，逐步加固加密马鞍山、芜湖、铜陵、池州、安庆和合肥等港口与上海、南京、宁波港口间班轮密度，不断深化长江和内河支线水水中转业务，实现运营班轮常态化，提高物流运行速度和效率。

组织实施马鞍山口岸郑蒲港区、芜湖口岸三山港区中外运码头，池州港江口港区二期集装箱码头、安徽铜冠有色金属池州有限公司专用码头一类水运口岸对外扩大开放，促进临港产业的集群与集聚。

推进马鞍山口岸郑蒲港区、芜湖口岸三山港区等沿江口岸经济区规模化、特色化发展，谋划一批与临港经济关联度强的物流、金融、保险、中介服务等项目，提升口岸经济带动区域发展的能力和水平。发展口岸现代服务业，推进临港合作园区建设，积极争取建立海关特殊监管区域、出口加工区、综合物流保税区、公共保税仓库等，努力实现口岸保税、仓储、加工、贸易等功能多样化，加快将安徽打造内陆开放的新高地。

第五章

皖江总体及各口岸进出口物流现状的 SWOT 分析

一、皖江口岸进出口物流基本 SWOT 模型分析

SWOT 分析法中 S 代表 strength（优势）、W 代表 weakness（弱势）、O 代表 opportunity（机会）、T 代表 threat（威胁）；S、W 是内部因素，O、T 是外部因素。只有透彻地分析口岸物流业存在的优势，与劣势才能在此基础上制定出具有针对性和有效性的发展战略。

（一）内部优势（S）

1. 广阔的经济腹地

皖江地域内自然资源丰富，如我国七大铁矿区之一的马鞍山，“千年铜都”铜陵拥有中国最大的电解铜生产基地，安庆拥有亚洲规模最大的白水泥生产基地。受益于皖江两岸肥沃的土壤，区域内粮食与经济作物产量相对较大，是我国重要的商品粮基地，其中芜湖更有江南四大米市之首之称。

皖江城市带的产业化基础良好，超千亿的产业包括装备制造、汽车、家电、钢铁、有色金属、石油化工产业，并且随着产业链不断延

伸，已经具备了较强的产业配套能力。区域内一大批进出口额上亿的大型企业，如铜陵有色、海螺水泥、奇瑞汽车、安庆石化等，强力支撑着皖江各城市的发展。

如下表5－1显示，2015年皖江五个口岸城市中芜湖、安庆、马鞍山在全省GDP排名中占据二、三、四名；人均GDP部分，铜陵和芜湖分别排名第一和第三。腹地经济发展良好，有能力满足口岸物流业发展所需的条件。

表5－1　2015年五城经济发展水平

城市/名称	GDP总值（亿元）	全省排名	人均GDP（元）	全省排名
芜湖	2457.3	2	67937.52	3
马鞍山	1365.3	4	61251.68	4
池州	544.7	15	37104.9	8
安庆	1417.4	3	30007.44	12
铜陵	721.3	14	97737.13	1

2. 便利的交通条件

铁路方面南北纵向有淮南线（淮南—合肥—芜湖），东西横向有芜铜（芜湖—铜陵）线、宁芜线（芜湖—马鞍山—南京）、皖赣线，并通过三纵一横（京九线、京沪线、京广线、陇海线）贯通全国铁路网。公路有沪渝高速横穿皖江五城，另有多条省内高速连接合肥至安庆、芜湖。水运方面截至2015年底，皖江区域内一级水域级岸线约120公里，通航里程居全省首位，航运条件优越；随皖江区域大力推进港口码头等基础设施建设，构建中下游重要中转货物港口群效果明确。航空方面有芜湖、安庆两个货运机场，满足皖江口岸一些对时效性要求高、单位价值高的货物运输。不断完善的综合交通运输体系，大大提升了皖江口岸集运疏能力，为皖江口岸物流业进一步发展提供了所需的便利交通环境。

3. 优越的自然条件

皖江口岸享有丰富的岸线资源，陆域地势低平开阔，满足现代化港口建设对大型基础设施建设以及物流区等口岸功能区布局的要求；水域处于长江下游，江宽水深。凭借着优越的自然条件，皖江口岸港口既可以有效地解决港口日常发展所需淡水问题，又能满足大型船舶入港对航道宽度和停泊空间的需求。

4. 政策的红利

皖江口岸物流业的发展享受政策红利。首先是国家中部崛起战略。中部崛起战略推进十多年以来，一方面结合中部的资源优势，建立钢铁、汽车、装备制造等制造业基地，从整体上提高了中部地区的工业化水平，为口岸物流业提供了更广泛的交易机会。另一方面加强物流基础设施建设，以期形成铁路、公路、航空和水运立体的交通运输网络体系，极大地发展了口岸物流业的集运疏能力。

其次是重启长江经济带国家战略。事实上，安徽省自 2012 年加入“大通关”协作机制以来，已经就口岸物流基础设施建设、临港经济园区建设、航运物流、船务、船代、货代企业引进以及航线航班开通等项目进行洽谈合作。2016 年 5 月底《长江三角洲城市群发展规划》审议通过，安徽的 8 个城市包括皖江五城作为新成员加入长三角城市群。皖江口岸城市借助发展黄金水道和建设世界级城市群的机会，大力完善口岸物流基础设施，拓宽经济腹地，开发成为物流运输货源的新企业。由此，更广阔的经济腹地，更便捷的“大通关”机制，这些叠加的政策助力，不仅为皖江口岸物流业的发展带来了多元化的货源，还带来了先进的物流发展经验、技术与人才，对优化进出口物流产业结构具有积极影响。

（二）内部的劣势（W）

1. 基础设施相对薄弱，资源紧缺

皖江口岸物流基础设施建设水平良好，但和国内外大港如宁波、上海等大型临海口岸相比，差距仍然较大。深究原因，有以下 3 点。第一，皖江属于长江下游流域，水速减缓又地势低平导致泥沙易淤积堵塞河道，季节性影响码头水深，使港口难以常年满足大型船舶的停靠需求。第二，皖江沿岸码头过于分散，大小不一，且不同航线、船公司的集装箱转运频繁，增加运输成本，物流价格缺乏竞争力。第三，泊位供不应求。2006 年以来皖江外贸经济的迅速发展对港口泊位需求增大，港口集运疏能力状况却相对恶化。为此，必须改善薄弱的基础设施建设，加强泊位合理布局与提高利用效率，提升中转能力，冲破发展瓶颈。

2. 软实力有待提高

尽管皖江物流近些年发展较快，但物流业配套的增值性服务和专业化人才培养还远远落后。首先，皖江口岸港区现存的物流企业多为小型货代、船代企业，向客户提供运输及装卸服务，缺乏增值性服务。2008 年金融危机对小型物流公司打击重大，很多企业的发展重心仍集中于开拓货源维持生存，因此以现代物流意识为核心的发展战略难以成为企业发展重心；其次，由于皖江口岸分属不同行政区域，规章制度大同小异，还不尽完善，物流业发展缺乏统一标准，物流企业难以形成合力去共同应对口岸物流发展中面临的挑战，整体软实力有待提高。再者，随着现代化港口信息化建设，对精于物流、金融、港口管理等知识的复合型人才需求增大，然而皖江口岸一直以来忽视对此类人才的培养选拔，低估了专业化的物流人才对提高物流效率的积极影响。为此，管理层必

须意识到提高皖江口岸物流业核心竞争力需要依靠软实力的提升。

3. 缺乏资源的统筹规划

当前各个港口都紧紧抓住“黄金水道”建设机遇，扩大港区陆域水域空间。但是皖江港口功能趋同，缺乏特色，没有形成互补互助、错位发展的格局。沿江五个口岸都发展集装箱运输，如芜湖、马鞍山口岸相邻，距离近，但所在城市都希望打造港口城市，大力发展集装箱运输，然而集装箱货源有限，腹地交叉，难免会造成恶性竞争，伤害物流企业的健康发展。虽说皖江口岸港区约有45千米的一级岸线，但实际已开发约30千米，未开发岸线资源已所剩无几。在缺乏统筹规划的情况下，盲目建设只会造成资源分散，难以形成有规模效应的集装箱口岸。因此，虽然皖江有“中部崛起”“长江经济带”的区位优势，但这区位优势还无法有效转化为皖江进出口物流业的实际竞争力。

（三）外部的机遇（O）

1. 经济全球化带来的资本

皖江口岸的发展，打开安徽对外开放的大门，优化了外资投资环境，不断吸引外资，带来各行各业先进的技术与管理经验。外资的引入，确实给本土企业带来挑战，但改革开放40年来皖江区域经济发展良好，外资引入所带来的积极效应大于消极效应。本土企业抓住机遇介入国际分工、优化产业布局、提升自身竞争力，积极扩展海外市场。表5-2数据表明，皖江口岸城市利用外资规模扩大，吸收外商投资，为地区经济发展带来资本。皖江口岸物流业发展同样享受了外资引入所带来的机遇，整个物流业不断深化对现代物流意识的认识，并开始重视口岸信息化建设，以便无缝对接皖江乃至整个安徽外经贸产业的发展。

表 5-2 皖江口岸城市利用外资额

地区	实际利用外资额（万美元）			实际利用外资额（万美元）		
	2008	2009	同比增长%	2013	2014	同比增长%
总计	134618	160546	19.2	420139	452974	7.8
马鞍山	41669	57238	37.4	147895	176131	19.1
芜湖	50685	59214	16.8	160548	200340	24.8
铜陵	16170	15644	-3.3	40310	19577	-51.4
池州	10608	11932	12.5	26208	30260	15.5
安庆	15486	16518	6.7	45178	26666	-41

2. 现代物流的发展

古典自由贸易理论在不考虑物流成本的情况下得出比较优势理论，然而，在实际贸易中是不能忽略物流成本这个概念的。缩小物流成本是强化贸易优势的一个重要途径，也成为现代物流发展的起源。在满足客户需求的前提下，以最优的价格完成货物的转移过程，称之为现代物流。如何优化整体系统构建全球服务网络，实施信息化和标准化的管理服务，优化物流中包括运输、仓储、装卸、包装等各个环节，成为提高现代物流效率的前进方向。自 1966 年以来，随着集装箱的推广运用，国际物流发展迎来发展黄金期，集装箱船舶遍布世界各地。皖江水运在使用集装箱运输上更是占尽优势，运输成本相对于公路运输便宜很多。中部省份的货物进出口选择从皖江水运口岸集装箱运输拓展进出口业务，比从沿海港口进关后通过公路运输到达省内更具有价格优势。

（四）外部的威胁（T）

1. 周边港口竞争

皖江港口发展首先面临的是武汉、南京、上海港的竞争。目前皖江港口面临的最大问题是集装箱生成量达80%流失外省。一方面是客户贸易习惯的原因，如在贸易术语中写成FOB南京。另一方面，皖江口岸港口的物流基础设施与武汉、南京有较大差距。比如，相较于皖江港口，武汉港虽不能停泊万吨级大型轮船，但其物流设备最大起重能力50吨，又有铁路枢纽中心的地位，因此货物在武汉港周转效率高，时间成本低。南京港有万吨级深水泊位13个，泊位充足，能够满足万吨级船舶常年通航。而皖江港口水深则受季节性影响，并非常年可通航万吨级船舶。东西方向的两大港口所带来的竞争压力不容小觑，皖江港口迫切需要整合自身资源，优化港群间联动合作，才能在两港间得到发展空间。图5-3比较了2015年1-11月三大口岸吞吐量发展情况。

表5-3　2015年1-11月芜湖、南京、武汉港口货物吞吐量（单位：万吨）

城市/名称	货物吞吐量（单位：万吨）			外贸货物吞吐量（单位：万吨）		
	自年初累计	当月完成	累计为去年同期（%）	自年初累计	当月完成	累计为去年同期（%）
南京	19758	1770	103.4	2048	180	112.6
芜湖	10895	1060	109.7	216	14	105.7
武汉	7849	634	103.7	753	78	116.8

2. 发展空间有限

皖江港口物流发展面临着现代物流发展需要广阔空间与港区有限土地资源规划相矛盾的困境。目前看来，通过提高物流效率可以缓解土地资源缺乏的状况，但作用是有限的。另外，虽然沿江优良岸线资源丰富，但由于新建港口多数紧靠城市又缺乏保护意识，预留腹地被城市建设占用，临港经济区空间范围有限，难以吸引众多外向型企业和大项目入驻。

二、马鞍山口岸进出口物流 SWOT 分析

（一）优势

依托于马鞍山市强劲的经济实力，马鞍山口岸进出口物流的内容日益丰富，产品物流运输需求日趋多元化。2016 年，三大产业的比重为 5.2∶57.9∶36.9。制造业开始逐渐向中高端转型，战略性新兴产业如雨后春笋般出现。其中节能环保产业、新能源产业、高端装备制造业增长势头强劲；服务业也逐渐更新换代升级，逐步推行口岸“一站式”服务管理模式。由以前的小规模试点，转而向整体推广开来，口岸内部物流运输便利化程度日益精进。同时依靠于马鞍山市的优势产业布局，口岸进出口物流临港产业极具竞争力、产业结构日趋合理，夯实的产业基础给口岸内部产业规划发展提供了范本，同时也给皖江其他口岸内部的产业布局树立了样板。

丰富的港口岸线资源。2011 年之后，马鞍山市进行了行政区划调整，使得马鞍山口岸岸线增加了一倍多，可供开发的自然条件优越；口岸边沿线沿长江绵延约 5 千米左右，有长江天然水道作支撑，发展口岸运输业和物流业极其简便。目前在口岸水运沿线分区的基础设施大规划中，1 万 ~2 万吨级大型船只停靠泊位岸线约 7 千米左右，5000 ~ 10000 吨级中型船只停靠泊位岸线约 9 千米，可建设 2000 ~ 3000 吨级小型船只停靠泊位岸线约 6 千米。分工明确、设施优良、服务到位会逐渐成为

马鞍山港口岸的一大“名片”。

良好的区位优势。马鞍山口岸处在皖江城市带的轴头，是皖江地带发展口岸进出口物流的东向节点口岸。地理位置靠近长三角地区，多式联运方便快捷。马鞍山口岸按照划分是深水口岸，也是国家一类口岸，运量巨大，可开发潜力足。随着马鞍山港口岸临近交通运输网络的建设与成熟，临港口岸将实现流畅的口岸进出口立体物流运输网，提升了口岸的通关进出口物流效率，凸显了马鞍山口岸发展进出口物流业的巨大优势。为今后经济的腾飞奠定了雄厚的物质基础，也为皖江口岸进出口物流联动发展贡献了一份力量。

（二）劣势

口岸基础设施建设有待强化。口岸内部基础设施建设标准不统一，各个口岸分区以及大中型企业的需求不一致，装卸港装置参数不一，给口岸进出口物流工作的开展带来了不利影响。相互之间就形成了制约且同质化竞争严重，商业模式创新力度较弱，不利于口岸进出口物流的长远发展。口岸内部仓储能力弱，仓库少且容量狭小。设备更新换代速度慢，以至现在还在使用多年前使用的设备。口岸周边国道众多、级别不够，导致口岸进出口物流运输能力较弱，这些不足制约了马鞍山口岸进出口物流的快速发展。

装卸设备标准不统一，降低了口岸的运营效率。当今时代，谁能给企业节省相应的时间与经济成本，谁就能在市场竞争中立于不败之地。马鞍山口岸存在装卸设备不统一的缺陷，会给口岸内部从事进出口物流方面的企业带来不便，也增加了他们的时间与经济成本，潜在地抑制了从事进出口物流企业规模的扩大。马鞍山口岸进出口物流发展会受口岸通关装卸效率低下的制约，口岸现代化管理与运营水平很难达到一个高度。

口岸内部进出口物流信息平台建设尚不健全。马鞍山口岸要逐步构建属于自身的进出口物流信息平台，加大资金投入，以完善口岸进出口物流相关信息。口岸内部部门、企业之间应做到信息交互畅通，避免信息的传递不当而造成的一些不必要的损失。同时，也提高了口岸的管理效率，营造一个“大信息”空间。这样可使口岸的信息化建设日臻完善，为早日对接皖江口岸进出口物流信息联动系统打下基础。所以，建设与口岸进出口物流发展相适应的信息平台，就显得尤为重要。

尚未形成健全的人才培养体系。长时间不重视人才体系培养机制，导致了专业化高素质从事口岸进出口物流的人才稀缺；由于一些外在因素，高素质专业化的进出口物流方面的人才因为薪酬回报低、发展空间有限等因素而离开马鞍山口岸，这些问题会成为马鞍山口岸进出口物流发展所要面对的重要问题。

（三）机遇

国家战略规划带来的新机遇。“长江经济带”发展规划纲要的实施和“皖江城市带产业转移示范区”规划等战略的推进，以及打造大宗商品及资源型产品的进出口物流和电子交易中心的需求。皖江口岸进出口物流联动一体化的实施，将使得马鞍山口岸成为与中西部地区相接的物流配送辅助中心。

皖江地区经济异军突起带来的机遇。皖江地区近几年经济增长迅速，将为马鞍山口岸内部优势产品的进出口物流的需要带来实质性的增长，企业可以通过进出口物流的渠道，开拓新的货源供给或提供地。大量相关物资可从马鞍山口岸“通江达海”，在方便口岸物资通关的前提下，也促进了马鞍山口岸进出口物流的发展。

政府部门的政策扶持给口岸进出口物流带来新的机遇。发展口岸进出口物流可带动所在地临口岸优势产业的发展，弱势产业也可进行自我革新，形成口岸内部产业的互补。从历史上来看，从阿姆斯特丹到荷兰，再到目前的新加坡和香港，都无一例外地发挥了港口口岸进出口物流运输便利的优势。积极推行构筑外向型经济，特别是口岸进出口物流发展，会极大地促进区域经济更上一个新的台阶，区域经济实质性的增长会对口岸进出口物流的完善与协同整合起到示范的作用。两者相辅相成，不可分割。马鞍山市经济不断发展、日益向好，这就对口岸进出口物流发展提出新要求，各口岸分区应积极响应政府制定扶持口岸的政策，对接好政策优势，结合分区自身实际，打造差异化、多元化的马鞍山口岸进出口物流。现在马鞍山口岸已逐渐为各皖江口岸所效仿，借鉴经验以优化自身建设。

（四）挑战

口岸进出口物流服务水平要求提高。当代市场竞争日益激烈，皖江各个口岸为了自身的发展，都不约而同地打造自身便捷的口岸进出口物流服务体系；高效率的服务方式已渗透进了口岸进出口物流产业链上各个环节，货物的进出口通关是否简便、行政机构办事效率是否快速逐渐成为口岸进出口服务水平的衡量标准。

目前其他临近口岸的发展迅速，相比较之下马鞍山口岸显得整体竞争力不足。皖江口岸内部的业务趋同、同质化竞争激烈。且离马鞍山口岸距离较近的口岸，比如南京口岸，发展体系完备，多式联运模式效率高、服务意识好，这样就潜在地给马鞍山口岸的发展带来挑战，在整体竞争力方面不能与之相比。目前马鞍山口岸还不具备与南京港类似的口岸来竞争，可以借鉴其建设模式，不断完善发展。加上南京口岸内部运输方式——江海联运方式发展完备，在一定程度上分流了进出马鞍山口岸的货物运输量，从而给马鞍山口岸带来一定的威胁与制约。综合性口岸功能的缺失进一步加剧了这种现象，进行进出口物流的企业无法从马鞍山口岸得到相应的信息、金融服务等配套服务，只能走南京口岸进行物流通关，分流了大量的货源。

高素质专业化人才的需求。高素质专业化人才的匮乏往往严重制约着当代服务业日益精进的进步，口岸物流业作为现代服务业的重要支撑产业，马鞍山口岸应重视从事口岸进出口物流方面的人才机制建设。当代口岸进出口物流业是涵盖众多行业，以“物流”为载体，融汇多种贸易方式，来促进和融合商流、资金流、信息流、物流，这就形成了对口岸物流业复合型人才的需求。因此，如何构建专业化、复合型管理人才培养及引进机制，是一个重大的问题。

三、芜湖口岸进出口物流 SWOT 分析

（一）优势

1. 良好的地理区位优势

芜湖港口岸位于运漕河、青弋江与长江汇集之处，口岸沿长江向下与南京港和马鞍山港的距离分别为 96 千米和 48 千米，芜湖港是大宗散货物资的最重要中转地和集散地。芜湖港腹地已经逐渐形成了以沿江的 4 个省辖市（芜湖市、安庆市、马鞍山市、铜陵市）和 3 个地区（巢湖市、池州市、宣城市）为一线，以江北省会城市合肥、江南旅游城市黄山为两翼的“一线两翼”沿江经济带。随着芜湖港不断地发展壮大，其对皖江城市经济带内的各个城市以及其他有港口物流业务往来的城市或国家的影响力将会逐渐增强。

2. 优良的港口条件

目前芜湖港已经拥有了 38 个非生产性的码头泊位，128 个生产性

的码头泊位，3个万吨级的码头泊位，37个5000吨级的码头泊位，其余的码头泊位为300－3000吨级不等，港口年吞吐能力可达到6500万吨。目前芜湖港的码头泊位已经向规模化、集约化、标准化的方向发展，并在煤炭转运、煤炭配送、水泥建材发运、集装箱装载运输等方面形成了自有特征和优势。今后芜湖港还会建设更多不同吨级的码头泊位，并不断优化升级港口条件，促进港口物流的发展。

3. 完备的物流支撑体系

芜湖已经拥有一套完善的集疏运体系，并且逐渐形成了铁路、公路和水路综合性运输网络体系。公路方面，有合芜、芜宣、芜马、芜铜等，国道G205和G318以及省道S260、S208、S216、S320和S321等均途经芜湖；铁路方面，有合杭线、宁铜线、宁安铁路、宁芜铁路、浙赣铁路、鹰厦铁路等，铁路运输网覆盖范围广；水运方面，芜湖港港口岸线长，且在长江干线上，使其可以通过长江把货物运输到全国各个城市的港口。

4. 芜湖港口功能优势

芜湖港已经拥有了2座供集装箱专用的码头，1座综合性的码头，3座皮带机浮式的码头，4个集装箱专用的泊位等。芜湖港还拥有12万平方米标准的集装箱堆场，60万以上平方米存储货物的库场面积。芜湖港开展了各类集装箱的装箱、卸载货物、运输、检验、箱务管理等业务。还开展了各类装拆箱货物的堆存、仓储、分拨、配送等业务以及各类进出口货物的除害处理、件杂货、散货集装卸堆存等业务。这些业务都有助于芜湖港加强完善集装箱业务，有助于增加芜湖港同其他港口的竞争力。

（二）劣势

第一，大型的泊位较少、现代化水平较低。芜湖港的大型泊位相对较少，仅有 37 个能够停靠 5000 吨级以上船舶的泊位，这只占到港口总体泊位数的 28.9% 。公共使用的码头与港口货主专用的码头之间也是不匹配的，在 37 个 5000 吨级以上泊位中，仅有 16 个能供公共使用的泊位，这占港口总体泊位数的 43.2%。大型公用的泊位就更少了，只有 3 个万吨级码头的泊位，这些都与当前全球所倡导的大型化船舶发展的理念不相匹配。芜湖港口基础设施落后，专业化泊位缺乏，大部分码头的设备比较简陋，集装箱装卸效率低下，即使所有码头泊位设备都超负荷运转，依旧无法满足港口的需求，导致芜湖港无法及时有效地处理积压的货物，货箱拥挤堵塞现象很严重，港口的负担过重，港口的货物仓储能力也不能够达到现代物流港口的要求，同时港口也不能达到对货物及时运输、存储等相关要求。

第二，物流服务水平较低。芜湖的现代物流起步相对于其他港口比较晚，口岸通关的环境、通过能力、配送速度、服务效率等方面都大大低于南京等其他沿江港口，同时还缺少必要的政策支持。这些都极大地影响了港口物流服务的发展，导致芜湖港腹地许多业务流失，许多货物都通过南京等其他港口中转。芜湖港大多数物流服务发展水平都还不能跟上现代化物流交易方式发展的步伐，特别是现代信息化水平还在不断地提高，其所需要的物流服务现代信息化水平也跟着水涨船高，但是就目前的芜湖港口物流整体营运情况来看，其服务能力、运输能力、物流操作的技术水平等诸多方面的内容与口岸对服务方面的需求仍存在很大的距离。同时芜湖港口物流规模小且相对落后，经营能力不高且分散，使得港口物流发展缓慢，导致港口的竞争力不强。芜湖港口口岸群及其与所辐射到的周边地区之间的联合运输往来还处在初级阶段，导致部分港口的物流企业还没有来得及建立实时有效的物流服务水平和物流网络等，这些都还存在很大的提升空间。

第三，物流相关的从业人员专业知识还有欠缺。芜湖港口物流的发展不仅仅受到码头、港口设施、设备、泊位等硬件的制约，还受到人才匮乏等软件的制约。由于芜湖对航运及物流管理方面的专业人才不够重视，缺乏专业性的指导，对于如何开发区域性物流、促进区域性经济持续增长、扩大区域市场范围、增强区域性物流功能等内容，还缺少理论性的指导，导致相关物流从业人员普遍存在专业文化素质较低的问题，还导致芜湖具有现代物流相关专业教育背景的中高级复合型人才极度缺乏。没有配套的物流专业人才，将会极大地影响芜湖港物流的发展，使其停滞不前，更加落后于其他港口。

第四，港口岸线资源相对匮乏，且资源利用不合理。芜湖港的口岸线资源相对其他沿江的港口较缺乏，随着港口与临近港口工业的迅速发展，特别是一些临近长江的工业企业建设一些专用码头占用了一部分岸线，历史上残留的一些简陋的码头也占用了一部分岸线；再加上长江支流四级以上航道还没有得到及时的改善整顿，导致目前一部分岸线仍无法有效的利用。由于这些不合理的原因占用了许多芜湖港口岸线资源，造成宝贵稀缺的岸线资源极其匮乏。芜湖港的口岸线资源在开发利用方面还存在很多不合理、不合规的问题，其中主要集中表现在货主码头和修造船厂挤占较多的深水岸线，而公用码头占用的深水岸线较少；规划的过江通道桥梁较多而隧道较少，导致其占用的深水岸线资源较多等问题。这些问题都造成了良好的岸线没有得到科学妥善合理的使用，浪费港口岸线资源。

（三）机会

首先，政府出台有利政策。芜湖市政府制定了“依托长江，崛起安徽，融入江浙，接轨上海，面向世界”战略，大力开发拓展临近港口的工业和现代物流业的体系，并依靠港口带动区域性物流中心的发展。安徽省人民政府根据芜湖港的特点，对芜湖港口岸的发展进行了重新定位，争取把芜湖港打造成“安徽省外贸中心港、安徽国际集装箱枢纽港、上海洋山港重要的喂给港”。为此，安徽省人民政府与芜湖市人民政府共同颁布了路桥费补贴、航次补贴、集装箱箱量奖励、总部经济、原芜湖港奖励政策等一系列鼓励港口集装箱物流发展的政策。这些政策都有助于芜湖港集装箱的发展，从而进一步促进芜湖港物流现代化建设。

其次，经济快速发展。根据统计，2015 年，芜湖市实现地区生产总值为2457.32 亿元，同比 2014 年增加了 10.3%。其中，第一产业增加值为 120.02 亿元，同比 2014 年增加了 4.3%；第二产业增加值为1540.60 亿元，同比 2014 年增加了 10.3%；第三产业增加值为 796.70 亿元，同比 2014 年增加了 11.0%。2004—2015 年地区生产总值平均增长了 14.3%，经济总量已经是安徽省除合肥以外的第二大经济体。经济总量的大幅提升加速了资金的流动性，为芜湖港口物流业的发展提供了稳健的货物来源，为芜湖港的设备改进、基础设施建设等提供了稳健的资金来源。目前芜湖市已经形成了以汽车及零部件、材料、家用电器为三大支柱的产业，发展壮大了工业物流体系，从而增加芜湖港的经济效应。

同时，产业转移支持。随着我国制造产业的重心由原本的沿海地区转移到沿江地区，安徽以其特有的地理位置优势、人口数量庞大所带来的劳动力成本相对较低、充足多样的自然资源等优势，成为承接产业转移最有效、最合适、最有前景、最佳的区域，而芜湖市作为皖江城市带的中心发展区域，承接产业转移的优势相对安徽省其他城市更加突出。根据统计，芜湖市 2015 年公路客运量为 4290 万人；公路货运量为 6464 万吨；铁路旅客发送量为 541.5 万人，同比 2014 年增加了 9.2%；铁路货物运输发送量为 138.4 万吨，同比 2014 年降低了 11.5%；水路货物运输量为 1.96 亿吨，同比 2014 年增加了 3.1%。由此可见，产业转移给芜湖增加了资金来源，带来了充足的货源，促进了芜湖港口的发展。

（四）威胁

1. 周边其他港口竞争

南京港在基础设施、码头条件、岸线资源利用等方面都胜于芜湖港，并且吸引了芜湖周边许多货物通过公路运输到南京港，并在南京港进行中转，导致芜湖港的相关贸易减少很多。马鞍山、巢湖、铜陵等港口扩张的水平和速度不同，都在不断地拓展自身的物流链，与芜湖港之间在经济腹地、货物运输等方面的竞争压力也在与日俱增。同时，芜湖港还存在与其他港口之间缺少联系与沟通，缺少系统的港口资源配置，重复性建设严重等问题，这些严峻的问题都会影响芜湖港的长远发展。

2. 物流服务功能单一

芜湖港物流服务功能还处于第一代单一的港口功能水平，也就是装卸、运输、仓储，这三个单一的物流服务。尽管芜湖港有多元化发展趋势，但是芜湖港装卸货物的基本种类却比较简单，主要集中在煤炭、成品油、水泥等有限的资源型货物。2015 年，芜湖港这些货物种类的吞吐量占了芜湖港口全部吞吐量的 70% 以上。随着当今社会经济全球化不断地发展，芜湖港如果依旧停留在单一功能水平上，再不开展多样化的货物运输，多元化的港口功能，提供差异化的港口物流服务，提高人才的培养，将无法在日益激烈的港口竞争中胜出并取得一席之位。

3. 港口运输能力无法跟上货物运输需求的增长

2015 年芜湖港吞吐量达到 1.2 亿吨，以后还会不断地增长，但是芜湖港目前码头年综合通过能力仅有 8000 万余吨，而且芜湖港的码头年综合通过能力增长速度相对年吞吐量较慢，这使得芜湖港口的吞吐量与通过能力严重不相匹配。芜湖港作为安徽省最大的货物运输、对外贸易、集装箱的中转港，随着外向型经济的快速发展及皖江经济带城市的建设与发展，芜湖港货物吞吐量、运输需求、通过能力等需求每年都会增长，如果这些需求增长的比例不协调，将会给芜湖港的运力发展带来了极大的压力。

4. 物流企业之间水平差距较大

根据统计，在芜湖市从事物流方面的企业中，规模小的个体经营者约占总体的50%。虽然芜湖市也有资金和实力强大的大企业，但是数量很少，在市场中所占的比例很低。物流行业的技术发展水平是由物流主体的规模以及经营水平直接决定的，但是由于芜湖市规模小的物流企业较多，导致物流业整体技术水平、服务水平等偏低，物流运输运作能力较低，企业自动化、信息化与规模化的发展水平较低；很多小企业是起步于几辆运输货车和一个简陋的仓库，这样的公司只能提供极其简单的仓储、装卸和运输服务，而且业务功能单一，服务水平低下，很难达到物流市场所需求的水平。

四、铜陵口岸进出口物流 SWOT 分析

（一）优势

地理优势明显。铜陵口岸作为皖江口岸群中的重要口岸之一，具有良好的地理环境和优越的自然条件。口岸水深在 10 米以上，主航道可通航万吨级船舶，运量潜力大，口岸可开发条件优越。近年来，安徽省政府和铜陵市政府通过对铜陵口岸加大投入巨资，使得铜陵口岸进出口运量上升迅速，进步喜人，口岸的管理水平也迅速提升。

经济发展势头良好。城市经济总量的快速增长，带动当地口岸进出口物流业的迅速发展。铜陵口岸的生产经营形势也稳中有进，口岸进出

口物流的货物以水泥自成品、生石灰等建材材料为主，其所占比例已经占到全部货物的65%。由此可见，铜陵口岸发展进出口物流，优化口岸各方面的建设，对于本市经济的发展起着至关重要的作用。科学有效利用口岸已有资源，充分发挥口岸水运运能并加快实现口岸进出口物流现代化机制建设，可带动本市经济的长远发展。

口岸效能凸现。铜陵口岸有百个生产性泊位，在皖江口岸中亦居于前列。公用码头货物运量提速很快，目前已达到2000万吨级别，未来预期可达到3000万吨级别，发挥着重要的口岸进出口物流作用；2016年铜陵口岸进出口货运量正稳步上升中，预计到2020年前后港口货物运量突破7600万吨，集装箱进出量达7万标箱。在口岸运营管理模式上，创新发展以码头搬运和航运公司为主的口岸集团，这项措施极大地提高了口岸进出口物流的通行效率。

（二）劣势

口岸基础设施建设投入不足。受制于管理体制影响，一直以来，口岸内部的航道、防波堤等基础设施建设与维护方面的财政投入不足，且建设进度迟缓，效率低下，口岸岸线资源很难得到充分开发。口岸范围内普遍存在陆域腹地不足，加工分拨、物流配送、仓储等临港工业的经济腹地发展空间严重不足。

信息化建设滞后。在安全监管方面，还在沿用以前的旁站式监督，需要投入大量人力资源和时间，收效甚微，不符合当下国家提出的“简政放权”的政策。一旦有了相关违法行为，存在取证难甚至贿赂等社会问题。

口岸内部形成协调一体化机制难度较高。口岸港航管理及岸线整治涉及多领域、多部门，各部门缺乏有效的联动机制。目前，各部门只负责自己的事务，部门之间缺少协同与联系。不利于口岸建设进度以及通关效率的提升。这使得铜陵口岸在对接入皖江口岸进出口物流联动一体化方面，难以和皖江其他口岸形成有效合力。

（三）机会

铜陵市拥有丰富的矿产资源，是一座富有改革意识和创新能力的城市，经济增长势头良好。在“一带一路”“长江经济带”等国家战略实施利好的情况下，铜陵口岸正面临前所未有的发展机遇。“十三五”期间是铜陵市加快转型发展、优化经济结构的关键期，同时也是铜陵口岸深化改革创新、破陈出新的关键期。在铜陵口岸的建设中，机遇大于挑战，勇于面对挑战抓住机遇以实现铜陵口岸的大发展。

铜陵口岸也于2015年获得了水果指定进出口物流口岸，这在一定程度上可提升铜陵口岸的地位。立足于长江干流上的重要口岸定位，自身开展多元化建设的大幕可能就此拉开。今后作为皖江口岸中进出境水果中转中心，周边口岸水果可以便捷通过进出口物流快速地向铜陵港口岸集中贸易，还可以从铜陵口岸购买价格较低的水果。在满足了安徽省人民群众需求的同时，也是铜陵口岸拓展进出口物流的绝佳平台。

（四）威胁

口岸进出口物流链及其衍生产业不发达。铜陵口岸与皖江其他口岸联动不紧密，口岸进出口物流链与其衍生的临口岸工业、旅游业等产业结合紧密度不够，带动铜陵市及周边地区经济发展动力弱；口岸内部无大中型从事进出口物流业的企业，造成行业内竞争力较弱，从事专业化进出口物流方面的人才同样缺乏。

口岸岸线利用不合理。一是“深水浅用”问题突出。在横港、长湖滩及扫把沟等深水良港，形成了很多规模小的中小码头，相互之间竞争激烈，在浪费了口岸岸线资源的同时，也不利于口岸功能多元化开拓。二是粗放式发展问题严重，“摊大饼”在口岸内部显现，缺乏科学规划。三是企业建设欲望较低，为追求自身利润最大化，项目建设停滞不前。四是机械化水平低下，环境污染问题十分突出。

水运运力存在结构性矛盾。一是口岸运力结构单一且相对过剩，普通货船占全市运力总数的90%以上，其他运输方式占据比重极低。二是企业融资难。铜陵口岸进出口物流企业中民营企业居多，商业银行对该类企业融资开放度不够，导致此类企业难以获得低成本的银行资金。

五、池州口岸进出口物流SWOT分析

（一）优势

地理位置优越。池州口岸是皖江口岸中重要的沿江口岸，且依托长江主干线航道，同时也是皖南地区主要的进行货物以及服务的进出口物流口岸，北连皖江第二大口岸——芜湖口岸，西接运量较大的安庆口岸，具有广阔的经济腹地。

口岸水运运量优势明显。池州口岸内部前沿水深17—21米，而口岸沿长江深水岸线长达2.46千米，是长江航道上重要的口岸港之一。腹地经济繁荣。近年来，池州市快速的经济发展和发达的旅游业使得池州口岸进出口物流方面得到了快速发展。

（二）劣势

口岸基础设施尚需时日完善。目前，池州口岸的基础设施方面有所欠缺，经济与产业结构失衡、三大产业占比也不合理。千吨级以上泊位所占总泊位比例居于皖江口岸群中的最末位。而且口岸机械化程度不

高，部分设施设备已不能满足池州港口岸未来日益精进的需要。

口岸沿线资源利用效率低。池州口岸目前已开发适宜停靠航线只有70千米左右，口岸内部的香口、钱江口等码头沿口岸优良岸线还缺乏很多必要的通关清关运输条件，池州口岸岸线资源配置不当，如深水码头当作潜水码头用，造成了口岸岸线沿线资源利用不当，也导致管理方面的权责不明。如当前池州口岸的集装箱运量是2.3万标箱，这与池州口岸当初预计设定的集装箱年通过能力5.5万标箱热有较大差距，只占运力的42%，上升的空间巨大。

口岸工作的信息化程度低。相比于长三角中的上海口岸、南京口岸等大型进出口物流口岸，池州口岸工作过程中的信息化程度低，再加上内部进出口物流信息化标准不统一，池州口岸难以实现内部信息的互通和工作效率的提升。

（三）机遇

近年来我国应全球经济一体化发展外向型经济的需要，加上“长江经济带”规划纲要的正式启动，池州口岸需充分利用自身有力资源来发展自己的进出口物流。这样会给池州口岸在一个更广阔的范围内进行自身的构建，同时给自己的进出口贸易物流带来了更大的发展平台。经济一体化发展融合度的加深，国际市场的进出口贸易物流需求量也在不断增加，也为发展池州口岸进出口物流提供良好的外部环境。

国家和地方政策的大力扶持。池州市是皖江城市带产业转移示范区里的城市，同时也是“长江经济带”上重要城市。池州市政府抓住时机制定了“以口岸兴市”的方针，先后组织池州市口岸管理局编写了《池州口岸总体规划纲要》等具体文件，为今后池州口岸的稳步发展画下了新的蓝图。

立体化交通系统的形成。随着穿池州而过的铜九铁路、宁安城际铁路的建成，以及九华山机场航班航线增多等陆运、空运的发展，池州“水陆空”并进的立体化交通逐渐形成，大量客源和货源的涌入，必将促进池州口岸进出口物流大发展。

（四）挑战

皖江口岸群内部总体发展不平衡。皖江口岸群由东向西依次是：马鞍山口岸、芜湖口岸、铜陵口岸、池州口岸、安庆口岸，以及靠北的合肥口岸，但这 6 个口岸之间发展不平衡。池州口岸常年的吞吐量在皖江口岸群中的吞吐量比重约在 12% 左右，排名靠后，难与其他口岸相比。

池州口岸的货物分流现状严重。池州口岸因距离安庆、铜陵口岸较近，且建设发展起步时间晚，很多经过本口岸的货源就被近的铜陵口岸和安庆口岸分流出去了，客观上造成池州口岸货源流失现象严重。

从事进出口物流方面的高素质人才匮乏。池州市目前缺乏高素质的从事进出口物流方面的人才，而且池州本地高校少、水平低，高素质的人才极其缺乏。

六、安庆口岸进出口物流 SWOT 分析

（一）优势

安庆口岸是皖江北岸唯一的深水良港、我国一类口岸、对台直航口岸，且口岸年运量一直位于皖江口岸群前列。与此同时，安庆口岸已经建立起与皖江乃至全国其他入境口岸的国际海内沟通联系渠道，具备应对突发事件能力。

安庆口岸完善了传染病的监测与控制能力，能通过体温检测等一系列新技术的运用迅速发现传染病并给予快速处理。船舶、集装箱、货物

检疫监管工作全部实现电子化，程序规范，效率提升明显，也为口岸进出口物流工作提供了便利。

近年来，安庆市政府加大对口岸的基础设施建设力度，商务、海关、检验检疫等部门主动作为，创新服务，深化政企合作，实现了安庆港口岸货运量逆势上升。皖西南保税进出口物流中心和汽车整车进口口岸的申报工作正在有条不紊地进行之中，安庆口岸正在为今后的对外开放及对接皖江口岸做出不懈努力。

（二）劣势

安庆口岸进出口物流相关基础设施现代化、规范化程度低。由于投资回收周期长、口岸企业资质弱等原因造成口岸内部部分装卸搬运设备落后、设备更新难的问题一直困扰其发展壮大。而且安庆港口岸深水航道短，不利于拓展口岸的运量。由于安庆口岸建设时间较早，不适应日益精进的口岸进出口物流的要求，影响了口岸进出口物流的运作效率，也提高了口岸潜在的通行成本。

口岸内部运送配套疏通网络不健全。口岸进出口物流是货物物流运输中的一个重要环节，可以运用公路、铁路及航空运输等多种联运模式，通过立体集疏网络完成货物的集中、分拨和运输。目前安庆口岸物流运输主要是以公路运输为主，运量小，其他方式运量也有限，多式联运的运送疏通网络还有待合理开拓。

从事口岸进出口物流的高素质人才匮乏。查阅资料可知，安庆口岸进出口物流业从业人员中，具有相应技能的员工只占全部员工的10%左右。高素质专业人才的短缺，严重制约了口岸进出口物流业的发展，同时也在一定程度上降低安庆口岸进出口物流的运作效率和经营效益。

（三）机会

安庆口岸成为国家一类口岸后，具备更加全面、完善的国内国际航线的支撑能力。这有利于安庆口岸开辟更多的进出口物流业务，完善了传染病的监测与控制能力，可保障安庆港口岸在突发公共卫生事件前提下持续支持安庆口岸及周边口岸的进出口物流发展。安庆市出台一系列措施，有助于提升口岸综合竞争力和集装箱运输量的增长。

随着“一带一路”“长江经济带”等国家大政方针，以及皖江城市带产业转移示范区等地方规划的实施，安庆市加速步入皖江地带发展的核心区。安庆市政府出台多项优惠政策，大力推进皖江口岸联动一体化建设，提高口岸的行政效率，加速自身开放型经济转型。

（四）威胁

安庆口岸内部监管机构少、管理水平较低。因海关特殊监管区域的基础设施建设工作开展较晚、步伐较慢，所以造成现有的海关特殊监管区域仅有公共型保税仓库 1 个、自用型保税仓库 2 个，很难促进本地口岸进出口物流发展。

放眼皖江区域，相比较于其他口岸，安庆口岸的经济开放度不高，排外思想较严重致使本地的外向依存度不到 7%，远低于皖江其他口岸的水平。自从进入“经济新常态”以来，安庆口岸开放型经济出现下滑，外贸口岸进出口物流各方面与外资准入两大指标在皖江地区处于落后地位。

七、合肥口岸进出口物流 SWOT 分析

（一）优势

区位交通优势。合肥口岸依托合肥市，临近长三角，是长江城市群中的重要节点城市之一。随着未来产业转移速度加快，口岸进出口物流企业的内迁，合肥口岸已有相关配套措施跟进，产业迁移的企业也很方便入驻。交易壁垒很少，方便了合肥口岸做优做强。合肥口岸周边基础设施日渐完善，多式联运模式发达，为口岸进出口物流精进发展奠定了基础。合肥港口岸水深保持在 4.7 米左右，市区内部的绕城高速和合裕线航道与口岸交通疏通网络联系紧密便捷。港口口岸通过交通网络与市中心相连接，可以使进出口物流货物在极短时间内进行运输配送，加上合肥市又在安徽省的中部心脏地带，货品集疏运条件优越，可通过口岸物流通达至全省各地。

经济腹地优势。合肥口岸临近长三角城市口岸群，依托合肥市经济的突飞猛进，临口岸产业逐渐发展了高新技术、机械制造、汽车和家电生产为优势产业。利用口岸进出口物流的优势，且与皖江地区其他口岸互补联动性较强，使得合肥口岸在皖江地区独树一帜。合肥因国家科研教育重要基地科教资源集中，区域内人才优势明显、综合素质高。合肥市正在构筑谋划大的发展，经济发展规划完善，良好的经济作为发展口岸进出口物流的先决物质基础，今后必将带来合肥口岸进出口物流的辉煌发展。

政策支持优势。来自于国家和省内的政策扶植，根据《长江经济带立体交通网络规划》和《关于加快发展合肥港口岸进出口集装箱码头》等规划纲要的安排，合肥口岸发展同时受到两股“外力”的推动。

加上合肥口岸背靠合肥市及其丰厚的财政预算以及省会城市所独有的政治经济文化等方面的政策倾斜，同时政策执行力和协调力一流，皖江其他口岸难与之相比。

（二）劣势

口岸生产规模效益偏低。近几年，皖江地区的芜湖口岸、马鞍山口岸规划细致，发展结构逐渐合理，而合肥口岸内部产业分工稍显混乱、口岸产业的规模经济相比芜湖口岸、马鞍山口岸还是低效了一点，合肥口岸投入产出不合理，仍有进一步优化改进的空间。

口岸岸线长度有限，缺乏深水航线。这就制约了进出合肥口岸的停靠船只的吨位，不利于口岸进出口运量的快速提升。航道设计通过能力仅6000万吨/年，通航条件不理想。目前口岸内部规模经济不发达，还有待进一步完善自身建设。相较于合肥港口岸的地理位置，皖江其他口岸基本上是长江航线上的主要口岸，可开发岸线和航运条件较好，基本上不会存在合肥口岸面临的问题。

（三）机遇

目前安徽省正处在产业升级结构调整、由以前过多的行政化干预转为市场化转型、大力推进新型城镇化阶段。同时皖江地区的国际化视野也在不断开拓之中，大力发展皖江口岸进出口物流以加快对接国家正在实施的“一带一路”和“长江经济带”等。《安徽省交通运输“十三五”发展规划》的出台与实施，按照规划，会以长江水道为整体，以合肥市为主的经济腹地为依托，实现皖江南北相依，东西结合。鲜明而有层次性地发展口岸联动一体化，从而促进合肥口岸和皖江其他口岸的对接，选择共同发展为目标，构筑皖江地区外向型经济的新篇章。合肥口岸交通便利，口岸内部制度日趋成熟，为承接来自东部地区产业转移节约了经济与制度成本，合肥口岸应学会主动出击、抓住发展机遇以构筑自身辉煌的未来。

（四）威胁

在合肥口岸的崛起进程中，必将打破皖江口岸群传统的次序，也必然无法避免来自皖江口岸群内部的芜湖口岸、马鞍山口岸等口岸的竞争。当中国东部进行产业结构升级，内部大量产业也必将转移至中西部，皖江地区必将承接许多的产业转移。为吸引产业进入其中而造成口岸之间相互竞争激烈，可能会出现同质化竞争的局面。这样会导致资源的无效配置、皖江各口岸之间也会分流彼此的业务，造成皖江口岸之间无序恶性竞争的后果，最终也不利于皖江口岸进出口物流联动一体化机制的构建。

综上所述，皖江各口岸均有自己的优势，也存在同质化竞争的内耗。这些现象的形成究竟有什么规律，我们还必须依靠进一步的实证。

第六章

皖江口岸协同层次布局、进出口物流策略及其实证分析

一、口岸物流协同联动及其分类

（一）供应链角度

从供应链的视角看，口岸物流主要涉及包括物流需求客户（国内外出口企业、物流公司）、服务的供应商（货物运输企业、码头建设企业等）、航运企业（班轮公司）、口岸通关服务公司、仓储运输服务公司、最终用户等环节。目前，依据供应链理论可将口岸物流协同分为以下两类。

1. 纵向协同联动

纵向协同是指将口岸物流供应链的完整运作作为出发点，口岸供应链各环节之间通过一定的机制和规则，共同建造一条完整的物流供应链，进而形成相互协调、相互合作的发展模式，以提升供应链整体运行效率和服务质量为目标，在供应链环节前、后向形成合作关系，实现口岸物流的协调高效运转，促进最优化发展。

2. 横向协同联动

横向协同表现为口岸与口岸之间为了应对日益激烈的市场竞争，根据一定的合作机制结成的资源共享、风险共担、分工协作的利益共同体。与单个口岸单独经营相比，该共同体具有集中控制资源分担风险、团结合作、优势互补的特点，避免恶性竞争和重复建设导致的资源浪费和效率低下等问题，有利于口岸成员集中发展核心优势业务，提高服务质量，增强抗风险能力，努力提升区域口岸群的整体竞争力。实现横向协同的具体方式有联盟等。

（二）协同联动内容的角度

口岸物流是由多个主体构成的庞大复杂系统，根据所涉及的协同对象和内容可以将口岸物流系统分为宏观和微观两个方面。宏观主要从国家和政府角度出发，包含系统层面（经济、社会、环境）和决策层面（口岸物流的政策、规划）两个方面。微观从企业角度出发，包含管理层面（口岸物流的运营、管理、服务）和操作层面（集货、中转、加工、装卸等）两个方面。口岸物流以腹地经济、产业和基础设施为支撑，通过微观主体为宏观系统的发展奠定坚实基础，宏观主体为微观经营提供保障。二者相辅相成、共同协作的方式，不仅可以促成口岸物流的协同，还能实现区域经济的腾飞。

随着口岸物流竞争的不断加剧，并由此导致的各自为政和效率低下的问题日益严峻，使协同联动理论越来越多地被学者所重视，并运用到物流体系中来。

二、皖江口岸进出口物流协同发展策略的必要性和可行性

（一）皖江口岸进出口物流协同发展策略的必要性

1. 解决皖江口岸现存问题的要求

从上文的分析中我们可以看到，皖江口岸在持续建设发展的过程中，出现了不少问题。例如，港口结构不合理：以小、散、杂的码头居多，具有专业规模的集装箱码头稀少；货物同质化严重：各码头多以散货为主，且货种形似度高，货源竞争激烈；港城、港航等发展和互动程度不够；基础设施低水平重复建设，地方支持政策盲目，攀比现象严重以及外部强大的竞争压力等方面。这些问题严重阻碍了皖江口岸的发展，要想从根本上扭转这种内忧外患的焦灼局面，就需要皖江各口岸和供应链环节以协同的方式联合起来，做到定位清晰、权责明确、资源共享、相互合作，只有这样才能集中有限的资源发展具有潜力的口岸和重点功能，提高资源的利用效率，促进各环节高效无缝链接。总而言之，皖江口岸的协同策略不但能够很好地解决皖江口岸现存的问题，而且有利于进一步完善口岸功能、增强口岸群竞争力，提升皖江口岸在国内外内河流域的地位与知名度，促进口岸和腹地城市协调发展。

2. 适应现代口岸转型发展的要求

如今的口岸不再是古代在边境设置的小小关卡，也不是早时仅为进出口货物提供装卸、中转功能的码头。伴随着经济全球化的发展，如今的口岸正朝着拥有运输、装卸、生产、信息处理以及相关服务为一体的

综合化现代化大型化物流中心的方向发展。20 世纪末第四代港口理念被联合国发展促进贸易委员会提出。该理念具有突出集装箱运输的地位；打破港口仅作为物流供应链中单一节点的限制，强调港城一体化的协调互动；鼓励港口之间和港口与航运联盟，实现资源整合等特点。近几年来科技、信息技术不断更新迭代，孕育出了物联网、大数据、云计算等具有划时代意义的信息技术。在此基础上又有学者提出了依托视频智能监控、传感器等技术为港口提供物流服务和技术信息平台的第五代物联网智慧港口的概念。从口岸的转型发展过程可以看出，未来口岸将朝着规模综合化、功能专业化、服务精益化、技术智能化的方向发展。当前皖江口岸正处在口岸发展的中低级阶段，需要整合优势资源，强化口岸功能、完善物流服务，协同发展才能适应现代口岸不断转型发展的需要。

（二）皖江口岸进出口物流协同联动发展的可行性

1. 学者的研究为皖江口岸协同发展提供理论基础

皖江口岸的协同发展有深厚的理论基础作为支撑。学者卢柯在论文中指出港口物流系统的开放性、复杂性和随机性与协同理论研究的对象不谋而合，认为用协同学研究港口群的发展是合理而且可行的。另外，学者们还从合作竞争理论、规模经济理论、成本理论、供应链理论、产业集群理论和博弈论等多角度对口岸协同发展的可行性进行解释说明。其中，有学者从博弈论角度对口岸横纵向协同进行了具体的实证分析。学者杨永义在其硕士论文《珠三角港口物流竞争力评价和竞合策略研究》中运用（Bertrand）模型在假设区域内有 n 个相互独立的港口，物流总量一定，价格 p 是各港口物流能力的函数且二者成反比的条件下，以两个港口为例建立需求函数，分别探讨了两口岸在竞争和合作这两种情况下的收益获得以及二者对社会总福利的影响。通过实证分析计算，得出两口岸合作所获得的总收益总是高于竞争所获得的总收益，且随着两口岸替代系数的不断提高，合作收益越大，当替代系数大于 0.5 时，合作所产生的社会总福利也会大于竞争所获得的。杨辉通过构建码头和物流公司的合作模型，得出两公司的总利润大于零，从而证明双方的联合能够获得经济效益。从以上学者的研究我们可以看到，口岸物流协同不仅有规范分析，还有实证分析加以论证，拥有坚实的理论基础。

2. 口岸发展的现状和未来趋势为皖江口岸进出口物流协同提供现实基础

（1）协同基础扎实。首先，皖江口岸同属安徽省境内口岸，地域临近，文化背景相似，经贸往来和人员交流频繁，同属同一利益共同体。相对于跨区域跨文化的口岸来说，皖江口岸更易达成协同意向。其次，皖江口岸之间存在一定的合作基础。例如，芜湖和马鞍山口岸一直就有形成组合港的规划，虽然还未实现，但可以看出皖江口岸协同基础良好。最后，安徽省政府为提升皖江口岸竞争力和实现区域协调发展必然会制定有利于口岸协同的政策建议和发展规划，减少体制机制方面的限制，为口岸协同扫清障碍。

（2）协同条件改善。基础设施和集疏运网络是实现口岸协同的必不可少的硬件环境之一。虽然目前皖江口岸在此方面还存在着一定的不足，但对随着各口岸基础设施建设投入的加大和集疏运网络的完善，将会弥补这方面存在的不足。以合肥口岸为例，为打破不与长江直接相连的限制，合肥不断加大对水运建设的投入力度，通过构建江淮运河和环巢湖高等级航道网、兆西河航道整治工程，以实现河道畅通。

（3）协同联动动力充足。货源结构同质、产业结构相似易造成口岸间互相争夺的局面，口岸城市经济缓慢则难以给予口岸有力的经济支撑。以上两点都会削弱口岸的协同动力。虽然目前皖江口岸存在货源和腹地竞争以及某些腹地经济发展缓慢等问题，但是从前面章节对皖江口岸进出口物流综合环境的研究可以看到：一方面，皖江各口岸都在积极地依据自身情况进行有差异性和针对性的建设和规划，延伸货物来源范围和丰富货物结构，货物同质化的程度在不断削弱。另一方面，伴随着皖江城市带经济的发展，各口岸城市经济实力均不断上升，势头强劲。各市产业结构差距不断显现，拥有各具特色主导产业的同时又具备较强的互补性。货源和产业结构的差异化、专业化趋势明显，为口岸协同提供充足动力。

（4）协同具有技术、信息支撑。口岸的协同离不开先进的物流技术和信息技术的支撑。处在建设和完善中的皖江口岸正不断引进各种大型的起重机械、高效率的通关系统和先进的电子检验检疫系统，并试图加入全国通关一体化改革的行列中，努力提升口岸进出口物流的机械化和信息化水平，提高物流服务效率和质量，为皖江口岸与各供应链之间的互联高效，与沿海甚至是国外大型专业化口岸的无缝链接，提供强有力的技术、信息的支撑。

3. 兼顾各方利益，为口岸协同提供保障

皖江口岸的进出口物流协同策略符合口岸群成员和物流供应链各环节的利益。皖江口岸横向协同策略可以进行有序高效的资源配置和专业化的分工，避免由于恶性竞争导致的效率低下，减少口岸间的共同损失。纵向协同策略，不仅促进了皖江口岸物流供应链的优化，提升了口岸的竞争力，也为各供应链环节企业带来实际的经济效益。这种满足各方经济利益，实现多赢的局面，是皖江口岸可以进行协同的根本动力，也是其未来协同可以稳定持续发展的保障。

4. 国内外成功案例为口岸协同提供经验信心

口岸物流协同联动并不属于新生事物，在国内外已经有众多口岸采用这种方式来提高区域口岸群的整体实力，并且成效明显。例如，日本的东京湾港口群就根据其现实基础将区域内的几个关键港口整合为定位

明确、各有分工的“广域港湾”，将口岸之前存在的竞争问题转为共同发展的动力。经过多年的发展，日本东京湾港口群已经形成以东京、横滨海港为代表的六大港口，又各具特色，职能明确，保持各自独立的同时优势互补，相互合作，统一管理。整个港口群资源得到有效整合和充分利用，发挥各自优势，口岸群的整体竞争力不断提升。此外，还有新加坡港实施的对港口供应链前后向进行联合管理的模式，我国的长三角、珠三角港口群与中远集团的合作以及舟山—宁波港等成功案例，都为皖江口岸提供了发展的经验，增强了协同的信心。

三、皖江口岸进出口物流协同目标定位和策略

根据前面对皖江口岸内外部现状的研究，本书将皖江口岸的协同目标定位为：以发展现代化综合国际物流口岸为导向，以提升区域口岸群整体竞争力为目标，通过协同联动发展的方式，依托口岸资源和腹地产业，充分利用长江水道和长三角国际航运中心，努力提高皖江口岸在我国内河口岸地位的同时，带动区域经济的全面发展。其具体发展策略，可以从供应链角度分为横向和纵向协同两个层面分别加以阐述。

（一）横向协同策略

口岸之间的横向协同表现为口岸与口岸之间为了应对日益激烈的市场竞争，根据一定的合作机制结成的资源共享、风险共担、分工协作的利益共同体。根据皖江各口岸的发展基础和共同利益目标，皖江口岸的横向协同可以参照以下策略：合肥口岸作为第一层次，充分发挥腹地强大的经济实力和产业优势，打造成未来淮河和皖江两河流域的综合物流运输中心；第二层次为芜湖和马鞍山，在承接来自自身腹地和合肥地区

货源的同时，加强与长江中上游重庆武汉等口岸，长江下游南京、张家港等口岸的合作，扩大辐射范围至整个长江流域，努力发展成为安徽省和长江流域集装箱运输重点口岸、钢铁、矿石等散货的集散中心、安徽省外贸枢纽口岸；第三层次为池州、安庆和铜陵口岸，继续发挥其物流运输优势，积极配合合肥、芜湖和马鞍山口岸担任补给港货支线港的责任，错位发展功能明确，实现自身竞争力的提高，以及皖江口岸群服务功能的完善。整个皖江口岸定位明确、职责清晰、相互协调，从而发展成为区域具有竞争力和影响力的进出口物流口岸。区域口岸群之间横向协同的方式包括合作、共同投资、兼并和收购等。

（二）纵向协同策略

纵向协同是指将口岸进出口物流供应链视作一个整体，以其完整运作为目标，口岸之间或供应链各环节之间通过一定的机制和规则共同建造一条完整的物流供应链而组成的相互协调相互合作的发展模式，提高供应链整个的运行效率和服务质量，促进链上各环节相互配合，做到最优化发展。口岸供应链以口岸为核心企业，主要包括口岸物流的两端客户（货源提供者和船公司）与口岸物流顺利进行所需要的各种服务商的支持（运输、仓储、加工、报关、商检、金融等）两方面。口岸的长远持续发展，不仅需要口岸之间的横向协同，减少恶性竞争，还需要加强口岸物流供应链前后向的协同，实现货源获得、运输装卸、报关报检等环节的无缝衔接，促进口岸物流服务水平的不断提高。皖江口岸的物流纵向协同可以从港航联盟、多式联运、港城互动和服务联动 4 个方面着手。港航联盟及口岸与船公司的联盟合作，一方面可以争取更多的货源，提高自身的经营成果，另一方面船公司可以从口岸争取更多的优惠条件，方便其进出口岸。在进出口物流中，公路和铁路这两种运输方式对于内陆口岸的优势和威胁均大于沿海口岸。加强不同运输方式的联合，利于货物集散，同时可以将其威胁转化为竞争力，实现更好的发展。口岸物流发展的好坏和口岸与腹地是否形成良好的互动息息相关。生产要素市场和消费市场双管齐下，加强临港产业的建立，促进临港产业集群，建立稳定高质量的客户群网络，实现港城一体化发展。口岸物流服务往往表现出服务质量不高、服务不完善、程序繁琐、效率低下及各部门衔接不流畅等问题。口岸物流的协同可以有效解决以上问题，提高口岸软实力。口岸进出口纵向协同的方式可以参考信息一体化、契约合作和产权等形式。

综上所述，利用层次聚类分析法，通过构建岸线长度、货物吞吐量、区域生产总值、产业结构等 12 个指标，将指标进行归一化和相关性计算之后，利用 spss 软件对皖江六口岸进行聚类划分。实证结果显示将合肥口岸作为第一层次，第二层次为芜湖和马鞍山，其余口岸为第三层次。根据该实证结果，结合皖江进出口物流协同策略的必要性和可行性分析。我们从横向和纵向两方面提出皖江口岸进出口物流协同的具体策略，突出纵向协同策略的港航联盟、多式联运、港城互动以及服务联动。

四、皖江口岸协同的层次布局——基于聚类分析法

（一）聚类分析法的基本原理和方法

聚类分析法是一种统计分析方法，现已被学者广泛运用于各学科。聚类，最原始的含义即指在众多数据中，根据某一指标或样本对数据进行分类，以达到减少数目、明确分类的目的。在多元统计中，聚类分析是指通过一定的方法消除样本在属性、类别、特征等方面的微观差异，优化样本特征，找到样本中的综合差异。这一方法可以有效地解决研究

分析中由于存在的多类型样本、多指标元素而难以分析的问题。聚类分析法主要包括概率和距离两种方法，距离方法又包括快速、迭代和层次聚类法三种。根据层次聚类法的特点和本文数据研究需要，下面运用此种实证方法进行分析。

层次聚类法基本原理：首先，根据研究内容确定n个样本和统计指标（x_1，x_2，…），搜集原始数据，作为聚类分析的数据基础。按照样本特征和等级，通过相似性测度将类似样本分成一类，不类似样本分成其他不同类别。

（二）皖江口岸层次聚类分析

皖江口岸进出口物流由于先天自然禀赋和后天发展水平的不同，造成六口岸之间拥有各自的特点和优势，存在一定的差异性。同时，由于皖江口岸同处皖江流域，腹地经济以及物流服务功能等方面均有相似之处。层次聚类分析主要用于多类型样本、多种指标元素的归类划分研究。因此，用层次聚类分析法可以对皖江六口岸按照科学的方法进行深层次的划分和归类，明确各层次定位，分工职责，从而为皖江口岸进出口物流的协同发展奠定基础。其具体操作步骤如下。

1. 指标的选取

区域口岸群进出口物流的影响因素主要由以下4个方面组成：

（1）口岸资源及区域交通。口岸资源主要包括口岸所在的区域位置、岸线长度、水深、泊位、码头数量等指标，奠定了口岸的发展基础。区域交通状况则反映了口岸的集散能力。

（2）口岸运营情况。衡量口岸运营情况由货物吞吐量、完成集装箱等指标构成，集中反映当前口岸的经营状况和发展实力，是判断一个口岸竞争力大小的关键因素。

（3）腹地城市经济状况。包含的指标主要包括GDP发展水平、

GDP 增长率、外贸进出口量、产业结构等指标。腹地城市的经济状况在一定程度上决定了口岸物流的现实基础、规模状况以及未来的发展定位。

（4）政策支持。政策的支持在改善口岸基础建设的同时，还会为口岸发展带来巨大的发展机遇，实现口岸的飞跃式发展。

根据指标选取的科学性、综合型、层次性和数据的可得性，下面针对皖江六口岸选取了包括岸线长度、泊位数量、地区生产总值在内的10多个指标，从各专业统计年鉴搜集整理出原始数据进行实证分析。原始数据见表 6－1。

表 6－1 2015 年皖江口岸进出口物流相关指标数据

	合肥	芜湖	马鞍山	池州	安庆	铜陵
生产性码头长度（km）X_1	10.1	14.07	10.67	10.35	10.02	5.66
生产性泊位个数（个）X_2	240	142	160	118	140	68
5000 吨级以上泊位个数（个）X_3	0	54	22	0	21	19
货物吞吐量（万吨）X_4	6500	12009.1	9205	4136.7	4002	8011.4
完成集装箱量（万 TEU）X_5	18.08	50.1525	18.5096	1.42	5.1	4
货源结构［1，100］X_6	85	100	70	85	85	90
GDP（百亿元）X_7	56.6	24.57	13.63	5.44	16.13	7.21
GDP 增长率 X_8	11.05	11.03	10.92	10.85	10.74	10.94
第三产业占比（%）X_9	42.7	37.9	37.5	40.9	38.5	33.1
进出口总额（十亿美元）X_{10}	20.331	6.819	2.955	5.22	2.445	4.58
实际利用外资额（亿美元）X_{11}	25.07	23	19.4	2.23	1.83	2.23
政策支持［1，100］X_{12}	100	100	90	70	70	65

2. 归一化处理

由于各指标是一种有量纲的表达方式，其所代表的含义不尽相同，单位和数量级均有较大差别，无法进行聚类分析。首先需要对原始数据作归一化处理，使之变成无量纲表达，处理公式为：

$$X'_{\mathrm{i}} = \frac{X_{\mathrm{i}} - X_{\min}}{X_{\max} - X_{\min}}$$

得到的处理结果见表6-2。

表6-2　经过归一化处理后的2015年皖江口岸主要指标

口岸	合肥	芜湖	马鞍山	池州	安庆	铜陵
X_1	0.52	1.00	0.60	0.56	0.52	0.00
X_2	1.00	0.43	0.53	0.29	0.42	0.00
X_3	0.00	1.00	0.41	0.00	0.39	0.35
X_4	0.31	1.00	0.65	0.02	0.00	0.50
X_5	0.34	1.00	0.35	0.00	0.08	0.05
X_6	0.50	1.00	0.00	0.50	0.50	0.67
X_7	1.00	0.37	0.16	0.00	0.21	0.03
X_8	1.00	0.94	0.58	0.35	0.00	0.65
X_9	1.00	0.50	0.46	0.81	0.56	0.00
X_{10}	1.00	0.24	0.03	0.16	0.00	0.12
X_{11}	1.00	0.91	0.76	0.02	0.00	0.02
X_{12}	1.00	1.00	0.71	0.14	0.14	0.00

3. 得出相关系数矩阵

将归一化后的数据经过如下公式处理，可得到相关系数矩阵。基本方法如下：如果两个口岸的相关系数 R_{ij} 值越大，说明这两个口岸越相似，可以将其归为一类；如果其中的某一个港口已经被分到某一类，则与它相似的口岸也会被分到那一类；如果两个都未被进行分类，那么就会被分到新的一类；所有口岸均按照上述方法进行循环，得出皖江六口岸聚类的最后结果。

$$R_{ij} | \sum (x_i - x_j)(Y_i - Y_j) | / \{ [\sum (x_i - x_j)^2] [\sum (Y_i - Y_j)^2] \}^{1/2}$$

$$R = (R_{ij}) = \begin{pmatrix} R_{11} & \cdots & R_{1n} \\ \vdots & \ddots & \vdots \\ R_{n1} & \cdots & R_{nn} \end{pmatrix}$$

4. 经 spss 软件计算结果

得出有关皖江六口岸的层次聚类树状图，结果见图 6－1。

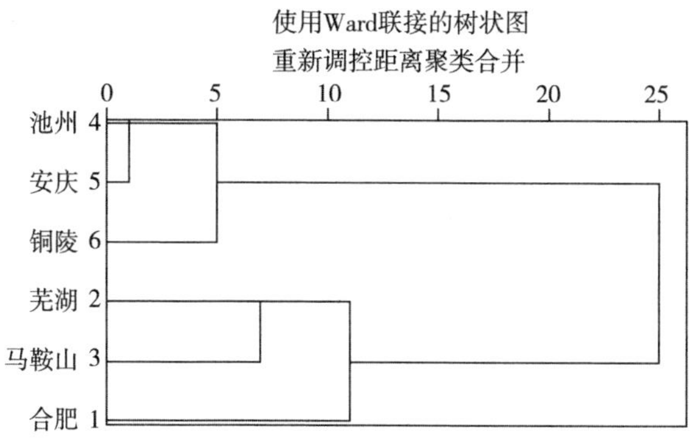

图 6－1　聚类树状图

从图 6－1 我们可以看到，层次聚类分析将皖江六口岸分成三类，划分如下：合肥口岸单独为一类；芜湖、马鞍山口岸分为二类；第三类为池州、安庆和铜陵三口岸。根据皖江口岸的现实发展基础和未来发展趋势，可以将皖江口岸按照以下层次进行布局：合肥口岸为第一层次，作为未来淮河和皖江两河流域的综合物流运输中心；第二层次芜湖和马鞍山口岸，发展方向为沟通长江上中下游物流运输的枢纽；第三层次池州、安庆和铜陵，发展方向为一二两层次的补给港，以实现错位协同发展的良好局面。

第七章

上海市和江苏省口岸建设工作对皖江口岸进出口物流的启示与借鉴

一、上海市和江苏省口岸建设工作基本情况

上海市和江苏省口岸建设工作一直走在全国前列，口岸规划起点高、管理服务水平强、对本地开放型经济发展促进作用大。2012 年，上海口岸进出口货物总值达 10577.9 亿美元，同比下降 0.7%，占全国比重 27.4%；进出口货运量 3.6 亿吨，同比增长 6.1%；进出口集装箱运量 2815.9 万标箱，同比增长 2.1%；出入境旅客 2437 万人次，同比增长 6.6%。江苏口岸进出口货物总值达 3418.2 亿美元，同比增长 1.3%，占全国比重 8.8%；进出口货运量 3.1 亿吨，同比增长 10.9%；进出口集装箱运量 800 万标箱，同比增长 18.7%；出入境旅客 263 万人次，同比增长 21.5%。

表 7－1　2012－2014 年两省市口岸进出口货运量及增幅

年份	上海		江苏	
	货运量	增幅	货运量	增幅
2012	3.1 亿吨	+18.3%	2.5 亿吨	15%
2013	3.4 亿吨	+11.6%	2.9 亿吨	+16.3%
2014	3.6 亿吨	+6.1%	3.1 亿吨	+10.9%

表 7 - 2　2012 - 2014 年两省市口岸进出口集装箱运量及增幅

年份	上海		江苏	
	集装箱运量	增幅	集装箱运量	增幅
2012	2529.8 万标箱	+16.4%	577.3 万标箱	15%
2013	2759.3 万标箱	+9.1%	673.7 万标箱	+16.7%
2014	2815.9 万标箱	+2.1%	800 万标箱	+18.7%

（一）上海市口岸建设工作情况

1. 口岸及港口规划布局及建设情况

上海共有国家一类口岸 4 个，其中，水运口岸 2 个，航空口岸 1 个、铁路口岸 1 个。“十一五”时期，上海口岸基本形成水运口岸、航空口岸、铁路口岸并存的口岸开放格局，初步建立海陆空齐全、客货运并举的较为完善的口岸对外开放体系。一是水运口岸。“十一五”期间，上海水运口岸完成了洋山深水港区北港区、上海化学工业区码头、罗泾港区二期工程、长兴岛海洋装备基地、上海港国际客运中心等一批重点项目的对外开通启用工作，形成了洋山深水港区、杭州湾北岸、长江上海段、黄浦江 4 大开放水域。截至 2010 年底，上海水运口岸共有 81 座码头，300 个泊位，与全球 200 多个国家（地区）的 500 多个港口和 600 多家船运公司建立了贸易往来，航线遍及全球主要港口。二是航空口岸。“十一五”期间，上海航空口岸完成了浦东国际机场第二航站楼和虹桥国际机场公务机基地对外开通启用工作，形成了两大国际机场（含 3 座航站楼、1 个国际公务机基地）的开放格局。共有 70 多家航空公司在沪从事国际航空运输业务，与 48 个国家和地区的 111 个城市通航。三是铁路口岸。2009 年 11 月，国务院批准上海站铁路口岸正式对外开放，将在完成正式验收后宣布对外开放。“十二五”期间，上海进一步扩大上海水运口岸开放范围，推进临港产业港区、长横通道的扩大开放。继续强化集装箱枢纽港功能，推进洋山深水港西港区口岸开放工作，形成洋山、外高桥两大集装箱港区相互补充的格局。积极推进重点行业配套项目对外开放，满足海洋装备、新型能源、精品钢铁、石油化工和精细化工等先进制造业口岸物流需求，推进长兴岛海洋装备基地、漕泾炼油项目配套码头、上海化工区改扩建码头、宝钢新建码头的对外开放。配合黄浦江两岸综合开发和功能调整，协调做好闵南船厂、中远船务有限公司码头迁建相关工作。进一步加大国际邮轮码头开放力度，推进吴淞口国际邮轮码头的建设及对外开放工作。积极推进石洞口、外高桥、漕泾、吴泾能源基地相关码头的对外开放工作，切实保障能源供应。进一步优化航空口岸功能布局，协力推进浦东国际机场、虹桥国际机场适应性改造。

2. 上海国际航运中心建设情况

根据国务院2009年4月下发的《关于推进上海加快发展现代服务业和先进制造业建设国际金融中心和国际航运中心的意见》（国发〔2009〕19号），上海国际航运中心建设的总体目标是到2020年，基本建成航运资源高度集聚、航运服务功能健全、航运市场环境优良、现代物流服务高效，具有全球航运资源配置能力的国际航运中心；基本形成以上海为中心、以江浙为两翼，以长江流域为腹地，与国内其他港口合理分工、紧密协作的国际航运枢纽港；基本形成规模化、集约化、快捷高效、结构优化的现代化港口集疏运体系，以及国际航空枢纽港，实现多种运输方式一体化发展；基本形成服务优质、功能完备的现代航运服务体系，营造便捷、高效、安全、法治的口岸环境和现代国际航运服务环境，增强国际航运资源整合能力，提高综合竞争力和服务能力。经过3年的努力，目前，上海国际航运中心建设取得了一定的成效。

（1）优化航运集疏运体系，提高物流服务能力。

一是完善海港集疏运系统。加快洋山深水港区四期工程前期工作，基本完成临港产业区东港区公用码头工程。芦潮港内河港区主体工程基本完工，外高桥内河港区一期工程进入全面实施阶段。洋山港区实现双向通航“单套”作业向“双套”作业升级，服务能级得到提升。沿江集装箱物流班轮化运作，长江支线箱量增幅明显，水水中转比例达到42%。海铁联运量保持稳定。

二是增强航空枢纽辐射能力。浦东机场第四、第五跑道和T1航站楼改造工程前期工作有序进行，虹桥机场东片区改造规划研究工作启动。浦东机场携手天合、星空两大联盟航空公司，优化中转模式。东航、国航与铁路方面合作推出“空铁通”联运产品，增强了航空枢纽辐射面。DHL北亚枢纽工程投运，联邦快递（FedEx）上海国际快件和货运中心项目签约。

（2）完善航运服务体系，创新航运服务功能。

一是提升口岸服务环境。《上海口岸服务条例》于2012年3月1日起正式施行。浦东机场在国内率先试行24小时直接过境旅客免办边检手续政策。2013年1月1日起上海航空口岸对45国公民过境免签时间由48小时延长至72小时。通关作业无纸化改革试点正式启动，试点业务覆盖吴淞、外高桥、洋山等海运口岸。报检报关功能整体入住浦东机场和北外滩“一门式”口岸通关服务中心。

二是集聚航运服务机构。“中华人民共和国海事局海事调查实验室”落户上海。海事部门推进在上海建立中国船舶油污损害理赔服务机制，参与制定基金征管办法及相关配套管理文件。推进船员发展与保障中心建设，完成船员标准劳动合同文本的制定，建立海上劳动关系三方机制。

三是汇聚各类航运信息。全国班轮运价备案中心新系统基本完成；

无船承运人运价备案工作正式实施。进口干散货、进口原油运价指数正式发布。航运中心门户网站建设正式启动，网站框架基本形成。国内首个整合中国港航领域信息资源的公共数据服务平台—“中国航运数据库”揭牌。

四是完善航运金融服务功能。拓展航运保险业务，平安航运保险运营中心正式开业，国内3家知名保险公司均在上海设立专业航运保险机构。做大融资租赁业务规模，浦东新区和综合保税区分别出台支持融资租赁产业发展的财政支持政策；国内第一个融资租赁“外汇信贷资金池”设立。推动航运运价交易平台规范化运作，并通过检查验收。

（3）依托综合试验区，探索航运政策突破。

一是推进船舶保税登记业务。海事部门积极推动保税船舶登记业务的开展，首艘“中国洋山港”籍船舶完成登记。交通运输部允许将融资租赁船舶视作认定企业资质的自有运力，并在上海先行试点。

二是实施启运港退税政策试点。青岛、武汉和洋山保税港区之间试行启运港退税政策，武汉—洋山航线政策效应明显，箱量较试点实施前增加6%左右。

三是落实税收优惠政策。对洋山保税港区内企业的国际航运、国内货物运输、仓储和装卸搬运业务实行增值税即征即退。继续实施国际航运保险业务免征营业税政策，并于2012年起将航空保险纳入国际航运保险免征营业税范围。

四是建设洋山国际中转集拼中心。2012年底，首次洋山保税港区实现对国际集装箱货物的二次集拼和中转运输，正式启动国际中转集拼业务。

五是推动机场综保区区港一体化运作。浦东机场综合保税区创新区港一体化海关监管模式，首批口岸货物与保税货物实现同步运作。

（4）建立统筹协调机制，推动邮轮产业发展。

国家旅游局正式批复在上海设立“中国邮轮旅游发展实验区”，开展邮轮旅游业发展先行先试的创新实践。吴淞口国际邮轮港获批试点运行，抓紧开展收尾工作。口岸部门探索建立邮轮便利通关统筹协调机制，形成方案。

（5）加强综合协调，完善航运发展环境。

一是优化推进机制。基本完成“上海航运业联合会”建设方案，力求发挥上海航运业的整体合力和协同效应。

二是研究扶持政策。初步形成“转方式、调结构”专项对水水中转、服务机构集聚及船舶登记、交易等项目的支持方案，完成专项资金管理办法。针对“营改增”政策实施，开展跟踪调研，做好政策试点对航运产业的影响分析。

三是开展政策储备。开展航运中心专项研究工作，内容涵盖综合试验区新一轮政策、船舶登记制度配套政策、船东互保协会方案、舟山新区对上海的影响分析等方面。

四是加强宣传力度。正式发布航运“十二五”规划，组织开展“航海日”“中国海员大会”“渝洽会”“启运港退税政策试点启动仪式”“组合港第五次全体会议”“交通运输部、上海市政府合力推进国际航运中心建设阶段总结大会”等大型活动，接受中央媒体集中采访，加强上海建设国际航运中心的宣传力度。

3. 口岸机构情况

2005 年至今，随着上海国际航运中心建设推进，上海口岸工作的中心全面转入营造“便捷、高效、安全、法治”口岸环境的目标。2005 年 3 月，市委、市政府决定成立上海市口岸工作领导小组，作为上海市委、市政府领导下统一协调上海口岸管理及“大通关”等工作的议事协调机构，上海市市长担任领导小组组长、分管副市长担任常务副组长、分管副秘书长担任领导小组秘书长，共有成员单位 23 个，下设办公室（正局级），作为市政府直属机构，承担上海口岸工作领导小组的日常工作，负责行使上海口岸管理及“大通关”的协调、服务职能。2009 年 6 月，根据《上海市人民政府机关改革方案》的规定，上海口岸工作领导小组办公室更名为上海市口岸服务办公室（正局级），为市政府直属机构，同时作为上海市口岸工作领导小组的办事机构。其主要职责是加强口岸开放管理，提高口岸通关效率，保障口岸安全畅通，促进对外开放和经济社会发展。上海市口岸服务办公室共有内设机构 5 个：综合处、组织人事处、政策法规处、口岸管理处、通关协调处。另设派出机构 4 个（3 + 1）：洋山办事处、机场办事处、浦东（浦江）办事处。行政编制为 45 个，其中，局级领导职数 1 正 3 副，处级领导职数 15 名。

4. 口岸同创共建“文明口岸”建设情况

同创共建“文明口岸”活动是上海口岸“重大问题决策、归口协调服务、与国家有关部门联络沟通、同创共建文明口岸”四项工作机制之一，是促进口岸环境优化的重要抓手和重要途径。文明口岸活动于 2006 年试点、2007 年全面恢复开展，2007 年 8 月建立上海口岸同创共建“文明口岸”活动领导小组，组长为市文明办主任和市口岸办主任。文明口岸活动以优化通关环境、优化口岸服务、优化协作配合、提高口岸整体形象为主线，围绕推进上海国际航运中心建设，营造“便捷、高效、安全、法治”的口岸良好环境，主要抓手有主题实施活动、评选表彰活动、巡访评议活动等。主要工作机制有每年至少一次领导小组组长会议、每年一次领导小组会议、每季度一次领导小组办公室会议。2012 年上海口岸以文化建设为主线，围绕“共建文明和谐口岸”主题开展了一系列活动，成功举办了“和谐口岸、共守国门”上海口岸文艺展演，并获得了上海市“五一文化奖”提名奖，命名了一批基层文化建设示范点，组织开展了口岸文化建设研讨，发掘培育了10个文明口岸共建典型等，充分反映了上海口岸各单位近年来精神文明建设及口岸文化建设的探索实践。

5. 口岸法制建设情况

从2007年起，上海市口岸服务办公室相继开展上海口岸法制建设现状与对策调研、上海口岸法制建设专题调研，与市人大法工委、市法制办、市立法研究所共同完成了《上海口岸综合管理法制建设研究》课题调研。2010年11月，市人大常委会正式表决通过《上海口岸服务条例》，于2012年3月1日正式施行。《条例》突出为口岸查验机构依法履行职能、为口岸运营单位正常运行、为口岸相关企业发展提供服务保障，充分体现了上海国际航运中心、贸易中心建设对完善口岸工作的要求，为营造“便捷、高效、安全、法治”口岸环境提供了法制保障。为认真贯彻《条例》，还制定实施了《上海口岸开放范围内作业区对外开通启用验收工作规程（试行)》和《上海口岸开放范围内作业区临时接靠工作办理规程（试行)》两个配套规范性文件。

（二）江苏省口岸建设工作情况

1. 口岸及港口规划布局和建设情况

江苏共有国家一类口岸18个，其中，水运口岸14个，航空口岸4个；另有国家二类口岸9个。全省按照“一市一港”划分共有沿江沿海港口10个，内河港口13个。全省沿海1011公里海岸线，365公里长江干线，690公里京杭运河，以及24800公里内河航道。其中沿海港规划港口岸线338公里，深水岸线255公里；沿江规划港口岸线739公里，深水岸线461公里。“十二五”期间，江苏省重点建设连云港港、太仓港两个集装箱干线港，加快以连云港港30万吨级航道和长江南京以下12.5米深水航道建设工程为龙头的大型深水航道建设。到2015年，长江12.5米深水航道初通到南京，目前一期工程太仓至南通段已开工建设。连云港港30万吨级航道明年底前一期工程全面建成，实现连云港港区25万吨级航道通航、徐圩港区10万吨级航道通航；2015年前建成二期工程，实现徐圩港区30万吨级航道通航。江苏省根据沿海、沿江、内河港口发展阶段和属性的差异确定各自建设重点，沿海港口重点打造港口群建设，重在提升能力，港口总能力增长两倍，引导临港产业布局，服务沿海开发。沿江港口着力实现资源整合的新突破，实现5万吨级以上泊位数翻一番。内河港口则着力构建内河水运枢纽，结合干线航道网建设，建设一批现代化、规模化港区。

2. 港口建设情况

（1）港口货物吞吐量情况

2012年，全省港口货物吞吐量达到19.5亿吨，同比增长8.2%；完成外贸货物吞吐量3.1亿吨，同比增长10.9%；完成集装箱吞吐量1600万标箱，同比增长12.9%；完成煤炭吞吐量5亿吨，同比增长11%；完成原油及天然气制品吞吐量7300万吨，同比减少3%；完成金属矿石吞吐量3.7亿吨，同比增长4%。

表7-3 沿江、沿海和内河港口货物吞吐量

项目	2005年	2012年	年均增速
港口货物吞吐量（万吨）	75549	195417	14.5%
其中沿海港口	6386	23245	20.3%
沿江港口	45505	126370	15.7%
内河港口	23658	45802	9.9%
集装箱吞吐量（万标箱）	305.4	1600.1	26.7%

续表

项目	2005 年	2012 年	年均增速
其中沿海港口	101.5	504.18	25.7%
沿江港口	203.9	1087.8	27.0%

（2）港口建设投资情况

2012 年，全省港口建设完成投资 120 亿元。2012 年新增货物吞吐能力 9200 万吨，沿江沿海港口综合通过能力 10.8 亿吨；2012 年新增万吨级以上码头泊位 20 个，全省万吨级以上泊位总数达到 410 个，其中 5 万吨级以上泊位 126 个。其中沿江港口万吨级以上泊位 356 个，5 万吨级以上泊位 111 个。截至 2012 年底，全省港口共拥有生产用泊位 7300 个、港口综合通过能力 15.8 亿吨，其中集装箱通过能力达 1220 万标箱。

（3）港口集疏运系统建设情况

一是加强沿江沿海港口进港航道建设。重点推进了连云港 30 万吨级进港航道以及滨海、射阳等沿海港口进港航道建设。

二是完善公路集疏运通道，加快沿江沿海港口疏港公路建设。省政府 2011 年 161 号文出台的《关于加快长江等内河水运发展的意见》明确要求，高速公路要通达主要港口的核心港区。目前，连云港、太仓港、张家港等港口已基本实现高速公路通港。

三是加强内河集疏运航道建设。沿海每一个港区将规划建设一条疏港航道，沿江港口疏港航道将进一步改造升级，使沿江沿海港口的内河集疏运能力普遍提高。

（4）港口物流发展情况

一是港口的现代物流服务功能起步发展。在大力发展装卸、仓储、转运等传统功能的基础上，积极拓展港口商贸、配送、金融、信息平台等功能。以江阴港和镇江港为例，江阴港通过引进中国东盟商品交易所，以及与东盟地区期货市场相匹配的现货市场，拓展港口贸易、金融、物流功能，吸引南北方交易货物集聚在港口分拨；镇江惠龙通过搭建物流信息平台，将港口功能拓展为集运输中转、仓储加工、金融、商贸于一体的现代化综合性钢铁交易中心。

二是港口与园区联动发展的现代物流总体格局初步形成。沿海、沿江和沿河地区共有各类省级以上的开发区 123 家，其中国家级开发区 11 家，省级开发区 112 家。依托港口和港口物流园区建设，滨江临海地区张家港保税港区，太仓、龙潭、江阴、连云港等保税物流中心已批准运作，连云港港保税港区、保税物流中心也在积极筹备申请中；沿河地区无锡、淮安等内河二类口岸物流园区已建成使用，初步形成了以港口为主要依托、以相应的海关特殊监管区域为主要载体联动发展的总体格局。

三是以四大货种为主要特色的中转物流体系基本形成。在铁矿石方面，形成了以连云港、苏州和南通为一程（减载）船接卸港，南京、镇江为二程船接卸港的中转物流体系。在原油方面，形成了以南京港为枢纽的中转物流体系；在煤炭方面，形成了以连云港港、南京港为铁路煤炭下水港，镇江为京杭运河煤炭转运港，苏州港、南通港为海进江煤炭转运港的中转物流体系。在集装箱方面，加快构建苏北地区向连云港集装箱干线港集聚，沿江地区向太仓港集装箱干线港集聚的全省集装箱运输体系。

四是物流信息化建设取得一定进展。目前，大部分港口物流企业和相关监管部门已具备各自的管理信息系统，部分港口已经建设电子口岸、港口 EDI 中心、码头企业管理信息系统等。如，张家港电子口岸已开通运行；常熟港已正式启用了港口信息管理系统；连云港港已建成 EDI 中心，实现报关报检、船舶申报、订舱、码头业务受理等诸多口岸业务的电子化，以及进一步与银行、保险、税务合作进行网上的电子支付等功能。

3. 与长江流域港口的合作情况

江苏沿江港口货物吞吐量的30%左右为长江中上游地区中转，沿江大型企业所需的海进江原油、70%的进口铁矿石、30%的集装箱由江苏沿江港口中转。

一是航线航班内支线开辟力度不断加大。南京、镇江、南通、江阴、张家港太仓等港口与长江中上游的重庆、武汉、岳阳、芜湖、安庆等港口均有定期航线航班。

二是港口间合资合作不断加强。重钢、湖南华凌锡钢、武钢等沿江钢厂均在江苏省沿江港口投资建设矿石码头；重庆寸滩保税港区与张家港保税港区相互签订合作协议，南通港与岳阳港签订合作协议；南通港口集团向安庆港输出经营管理服务等。

三是合力加强长江黄金水道建设。自2005年国家加快长江黄金水道建设，定期召开七省二市座谈会议，政府间沟通不断增加。

4. 口岸机构情况

江苏省口岸办公室自2009年起从省经信委划转隶属省政府办公厅，副厅级建制，行政编制8个，内设机构2个：口岸综合协调处、口岸管理处。

二、对皖江进出口物流业发展的启示

1. 口岸建设工作是开放型经济发展的重要载体

上海市和江苏省开放型经济均走在全国的前列，2012年，江苏省进出口贸易额达5481亿美元，占全国总额的14%，进出口贸易额居全国第二位；上海市进出口贸易额达4368亿美元，占全国总额的11%，进出口贸易额居全国第三位。两省市均高度重视口岸建设工作，上海市市长亲自担任市口岸工作领导小组组长，领导小组会议每年召开一次，研究部署全市口岸工作。江苏省把口岸建设工作提升到全省开放型经济的支撑作用地位上来看待，2012年，省政府办公厅研究出台《关于加强和改进口岸管理促进外贸稳定增长的意见》（苏政办发〔2012〕135号），从提高口岸服务效能、改进口岸通关流程、加快口岸开放步伐、强化区域协作、促进口岸资源整合和加强口岸运行监控6个方面，提出了18条政策措施，收到良好效果。在本次学习调研过程中，我们充分感受到，上海市和江苏省口岸建设工作在开放型经济中占到举足轻重的作用，两省市开放型经济快速发展紧紧依靠口岸建设工作，得益于口岸建设工作。

2. 口岸发展规划是口岸建设工作的重要依据

上海市和江苏省口岸发展规划起点高，口岸建设统一规划、统一布局、统一管理，在加强口岸建设工作中，坚持完善体系建设与突出重点相结合、经济效益与社会效益相结合、超前发展与整体功能相配套的原则。按照口岸规划部署，对口岸基础设施建设改造项目进行可行性研究论证，重点规划建设港口口岸，加快查验设备的更新改造。加大口岸基础设施建设资金投入，积极争取国家和省有关部门的大力支持，多方争取口岸建设资金，保证重点建设项目的资金落实到位；充分发挥各级政府的作用，将新开口岸基础设施建设资金列入各级政府预算内基本建设投资计划，将老口岸设施维修、改造资金列入各级财政预算，确保口岸建设资金专款专用；扩大融资渠道，通过招商引资和区域合作项目吸引口岸建设资金，按照“谁投资、谁受益”的原则，鼓励、支持、引导境内外企业参与口岸基础设施建设，实现投资主体“多元化”。

3. 口岸工作机构是口岸建设工作的重要保障

上海市自2005年起，根据口岸发展的新形势，对口岸管理体制进行重大调整，将口岸工作机构上海市口岸服务办公室定为正局级建制，独立作为市政府直属机构，行政编制为45个，承担上海市口岸工作领导小组的日常工作，负责行使上海口岸管理及“大通关”的协调、服务职能。江苏省口岸办公室自2009年起作为省政府办公厅的隶属单位，定为副厅级建制，行政编制8个。口岸是一个跨部门、跨行业、多环节、多功能的有机综合体，口岸工作涉及部门众多，横向联系密切，协调对象包括中央直属部门（海关、检验检疫、边防、海事等）和旅游、外事、公安、航空、铁路、港务、货船代理等诸多部门，这些部门隶属不同，各司其职，各执其法，且多数是正厅级单位，在业务上既有交叉又有联系，因此在工作中难免会出现一些矛盾和纠纷，必须由口岸工作机构进行协调。另外，口岸涉及港口物流、大通关、电子口岸建设等提高口岸效率和效益的工作，也需要口岸工作机构组织落实。上海市和江苏省口岸工作机构配置独立和级别提高保障了两省市的口岸建设工作。

4. 口岸工作机制是口岸建设工作的重要抓手

口岸集把关、服务、运输、涉外和项目建设多功能于一体，口岸工作机制的建立至关重要，上海口岸“重大问题决策、归口协调服务、与国家有关部门联络沟通、同创共建文明口岸”4项工作机制由上海市口岸服务办公室负责实施，市财政每年安排一定数额的经费由上海市口岸服务办公室统一负责拨付给中央驻沪口岸查验单位，作为他们的工作补助经费。江苏省口岸办公室发挥综合牵头的职能作用，对口岸管理工作统筹协调，定期、不定期地召开联席会议、办公会议和专题协调会议，交流情况，分析形势，及时研究解决口岸运行中产生的问题，妥善处理各种纠纷和矛盾，维护口岸运行的和谐稳定。

三、可以给皖江进出口物流业的经验借鉴

1. 启运港退税政策

财政部、海关总署、国家税务总局联合发布《关于在上海试行启运港退税政策的通知》，自 2012 年 8 月 1 日起青岛、武汉和洋山保税港区之间试行启运港退税政策，开展江海联运的武汉阳逻港列入启运港退税政策范围。按政策，享受启运港退税政策的承运企业为上海浦海航运公司、中外运湖北公司，外贸出口企业须为海关管理的 B 类及以上企业，并无涉税违法违规行为的自营出口企业。据了解，目前南京已与上海达成意见向中央有关部门申报该政策将由试行转向扩大试行，上海计划将直达上海洋山港的长江流域港口均列入拟上报的扩大试行范围，芜湖港目前已开通了直达上海洋山港的班轮，安徽省可考虑与上海相关单位一同积极争取芜湖港列入扩大试行范围。

2. 上海航空口岸 72 小时过境免签证政策

经国家批准，自 2013 年 1 月 1 日起，上海正式对 45 个国家实行 72 小时过境免签政策。享受 72 小时过境免签范围的 45 个国家公民须是持有本人有效国际旅行证件和 72 小时内已确定日期及座位的前往第三国（地区）联程机票自上海浦东、虹桥机场过境前往第三国（地区）的，45 个国家分别是：欧洲申根签证协议国家奥地利、比利时、捷克、丹麦、爱沙尼亚、芬兰、法国、德国、希腊、匈牙利、冰岛、意大利、拉脱维亚、立陶宛、卢森堡、马耳他、荷兰、波兰、葡萄牙、斯洛伐克、斯洛文尼亚、西班牙、瑞典、瑞士 24 个。欧洲其他国家俄罗斯、英国、爱尔兰、塞浦路斯、保加利亚、罗马尼亚、乌克兰 7 个。美洲国家美

国、加拿大、巴西、墨西哥、阿根廷、智利6个。大洋洲国家澳大利亚、新西兰2个。亚洲国家韩国、日本、新加坡、文莱、阿联酋、卡塔尔6个。目前政策规定办理72小时过境免签手续的外国人不得离开上海行政区域。考虑到此政策如放宽至72小时内外国人可赴中国境内其他区域，这将会带动境外游客来安徽省旅游的增长，因此要密切关注此项政策的效益，与上海口岸部门和有关航空公司联系探讨72小时免签的外国人来安徽省旅游的相关事宜。

3. 上港集团长江战略

作为上海港直接货源腹地的长江流域，是发展上海港的立足之本，是维持上海港现有增长能力的核心区域。上港集团提出长江战略，其核心旨在主导长江流域货源流向，增强上海港对长江流域的集聚与辐射能力，实现上港集团的可持续发展。长江港口物流有限公司由上港集团独资设立，经营管理的资产主要包括船队、港口码头、物流园区、仓库、代理，资产总额近100亿元。长江公司经营船队规模近100艘，集装箱船舶运力国内排名第五，经营航线覆盖长江流域全境，并且与世界各大船公司保持长期合作关系。长江公司资产包括上海集海航运有限公司、江苏航华国际船务代理有限公司、重庆东港集装箱码头有限公司、武汉港务集团有限公司、四川宜宾港有限责任公司等18家企业，所经营港口资源包括长江流域重庆、武汉、九江、南京、江阴、长沙、宜宾等主要港口，并在部分港口设立大型物流园区和仓库。安徽省长江流域口岸港口目前还没有正式列入该公司的投资范围。我们要加强安徽省港口与上海洋山港的“点对点”合作，希望引进上海洋山港与安徽省芜湖港、马鞍山郑蒲港开展战略合作，鼓励上港集团投资合作，采取股份制、委托管理等多种方式建设现代化港口服务机制，打造组合港，共同推进芜湖港和马鞍山郑蒲港成为上海洋山港在长江沿线的延伸港。上港集团对加密班轮挂靠芜湖港感兴趣，表示春节后可来安徽省与有关方面深入洽谈，我们要抓住机遇，主动联系，争取取得合作成果。

4. 南京 12.5 米深水海港建设

长江南京以下 12.5 米深水航道工程，是在长江口深水航道的基础上，将 12.5 米水深从太仓上延至南京。工程拟分三期进行，在“十二五”期内，一期工程对太仓至南通段的 56 公里航道进行治理；一期工程开工建设的同时，工程指挥部将同步开展二期工程相关工作，2013 年底开工建设南通至南京段，“十二五”末实现 12.5 米深水航道通达南京的建设目标；三期工程将根据一、二期工程的建设效果和局部河段河势变化等情况，在“十二五”期以后适时实施太仓至南京段航道治理后续工程，进一步改善航道条件，全面建成南京以下 12.5 米深水航道。有了这条航道，5 万吨级海轮将直达南京，10 万吨级及以上海轮也可减载乘潮直达南京。南京 12.5 米深水海港将增加出海通道，南京港届时可直接开通至欧美等远洋国家的航线，改变目前只能通达日韩和东南亚等近洋国家的局面。12.5 米深水航道上延到南京，黄金水道将发挥其“黄金效能”，长江江苏段货运通过能力将在目前基础上提高一倍以上。同时，航道通过能力得以进一步提高，为运输船舶的大型化发展创造条件。据测算，上延工程实施后，每年可节约直接物流成本 23 亿元，节约海运油耗 21.6 万吨。平均每年可递增沿江港口吞吐量约 1.3 亿吨，直接拉动沿江地区 GDP 约 238 亿元。这样我省也将增加一条通江达海的通道，利用这一通道必将大大减少外贸企业的物流成本。

第八章

未来预期与展望

一、长三角通关一体化趋势及其对皖江进出口物流的促进

（一）长三角区域通关一体化建设及制度溢出效应

1. 推动区域通关模式改革创新

推动区域通关模式改革，主要是加快研究推进保税货物便捷转运、转关货物监管优化和“一次申报、一次查验、一次放行”等通关模式在长三角区域先行先试，推动长三角区域口岸海关、检验检疫、港口管理等相关部门信息互换、监管互认、执法互助的体制机制；不断扩大“属地申报、属地验放”“属地申报、口岸验放”“直通放行”、转关作业无纸化等区域通关改革措施的适用范围。

（1）通关便利化。在传统的通关模式下，货物在上海，就在上海报关，如果企业是内地的，可选择另一种方式——转关：把货物从上海转关到武汉，或者从武汉出口的话，把货物转关到上海、宁波，从口岸再进境或出境。长江经济带海关实现通关一体化后，对这种模式进行了优化，跨区域通关变得更为便捷，区域内企业可以根据自己物流的实际需要，自主选择申报的海关，实现跨关区的放行。如需要查验，可自行

选择在口岸或属地海关监管场所实施查验。

例如，南京企业在上海浦东机场进境的货物，在一体化通关模式下，企业可以直接向南京海关申报货物进口，而不必再到上海向浦东机场海关申报；南京海关可以直接对货物进行放行处理，浦东机场海关则根据南京海关的放行指令放行货物；货物放行后，企业可以直接将货物运输到厂，不必再通过地面航班的运输形式周转至南京机场后，再运输到厂。对企业而言，这无疑为企业生产经营节约了更多的时间、人力、物力。

（2）与口岸清关、传统转关模式下的优势。相比起以往的口岸清关模式下，企业必须在货物进出境地海关办理通关手续，长三角海关通关一体化模式下，企业可以自主选择在企业注册地或货物进出境地海关办理通关手续。相比起传统转关模式下，进口货物由进境地入境后，在海关监管下运往指运地海关办理进口通关手续；或者出口货物在启运地海关办理通关手续后运往出境地，由出境地海关监管出境，企业须使用海关监管车辆进行转关运输，海关对运输过程实施监管，在区域通关一体化的模式下，企业可以自主选择接单现场，并据此办理申报、接单、征税、放行等通关手续。对于已在现场办结海关手续的货物，企业可以自主选择运输车辆，不必使用监管车辆运输。这不仅给了企业更大的自主权，更减轻了转关运输中海关监管的压力。

（3）与“属地申报、口岸验放”模式相比的优势。“属地申报、口岸验放”是指符合管理类别企业的货物进出口时可向属地海关申报，在货物实际进出境地的口岸海关办理货物验放手续。“属地申报、口岸验放”对企业类别和守法情况有相关要求，需向所在地海关申请并获得海关批准。而在长三角海关通关一体化模式下，所有企业不需向海关申请。

（4）与“属地申报、属地验放”模式相比的优势。“属地申报、属地验放”是指符合管理类别企业的货物进出口时可向属地海关申报，并在属地海关办理货物放行手续。“属地申报、属地验放”对企业类别有要求，并需要经海关批准才能使用，而在长三角海关通关一体化模式下，所有企业不需向海关申请。企业可以自主选择接单现场，办理申报、接单、征税、放行等通关手续。

2. 推进大通关信息平台建设

在长三角通关一体化建设中，为实现长三角经济带区域通关的一体化作业，实施统一的规范物流信息和监管信息格式，完成海关按照统一操作规范、统一业务流程、统一执法标准为企业办理通关，使企业无论在哪个海关都能受到同样的待遇和标准，真正实现“区域一体化，多关如一关”的目标，以“一个中心，四个平台”来实现跨区域、跨部门信息互联、交换和共享机制。研究实施统一的规范物流信息和监管信息格式，创新地方电子口岸合作模式研究，设计信息平台对接，和跨区域、跨部门信息互联、交换和共享机制。

（1）一个中心，即区域通关中心，在现有体制不变的情况下，通过机制创新，将原先各自独立的通关管理体系，通过信息网络互联互通，形成区域联动的通关中心。

（2）四个平台，分别为统一申报平台、统一风险防控平台、统一专业审单、统一现场作业。

①统一申报平台。在长三角口岸通关的企业在获取舱单信息后，通过电子口岸，自主选择申报口岸向海关提交报关信息。

②统一风险防控平台。在报关之后，有统一的风险参数，通过统一风险防控平台，所有风险参数和布控，同时作用于两个海关，实现及时有效的风险管理。

③统一专业审单。原来海关专业审单按照关区划分，审单标准不一。在长三角通关一体化建设中，依照一体化、集约化、专业化的思

路，建立统一的专业审单平台。在上海、南京、宁波分别设有专业的区域审单中心，三个审单中心按照各自传统的审核优势分工：上海海关主要审核食品、药品及香料、机电类商品等；南京主要审核大宗原材料、木材、船舶及光学仪器等；宁波海关主要审核鲜活农产品、有机化工品、塑料及橡胶等。为海关开展跨关区审单作业，按照商品分工实施专业化审单，分析区域风险参数和区域通道条件，实现同一商品同一审单标准。

④统一现场作业。长三角海关各业务现场根据审单的统一指令，实施接单、征税、查验和卡口核放。

同时，在“一中心，四平台”框架下，长三角海关在保税监管、打击走私、企业管理、企业稽查等相关业务领域，同步推进相关配套改革。

“一个中心，四个平台”的框架下，解决了不同海关操作规范不同、业务流程不同、执法标准不同而导致的不便，为企业办理通关，使企业无论在哪个海关都能受到同样的待遇和标准，真正实现“区域一体化，多关如一关”的目标。

“一体化之后，异地转关的过程和费用没有了，通关费用降低了近30%；通关的流程加快，属地申报、口岸放行的过程最快可以在一分钟内完成。整体而言减少一天。”新美亚公司资深物料经理许绪宝表示，减少一天的转关时间，意味着进料、组装、出货可以在一周内完成，交货期缩短，资金周转加快，对于制造企业提升市场份额有决定性意义。

据悉，江苏有 8 万余家进出口企业，70% 以上货物从上海口岸出口，特别是苏南地区 95% 以上的货物从上海走。实施通关一体化改革后，对于企业而言，手续更便捷，通关成本更低，效率更高。

对于海关来说，“一中心，四平台”的构建，统一操作规范、统一业务流程、统一执法标准，专业化的审单，减少了海关因各关区标准不

一、审单结果不同而导致的行政资源浪费，让海关朝着标准化、专业化、高效化的方向发展。

3. 完善口岸物流多式联运体系趋势

为了发挥市场资源配置的核心作用，我们要深入研究促进长三角区域口岸城市群协作，推动“水、陆、空”等多种运输方式联动发展，不断降低物流成本，提高运输效率，形成高效、完备的区域多式联动体系。

长三角海关实现通关一体化后，区域内海关都可以放行所在地区企业在这些口岸进出境的货物，而且根据企业需要，可以不再使用转关运输等传统海关监管方式。这种通关的一体化，将为生产要素跨区域自由流动创造更加便捷的条件，大大降低了企业生产要素的运输成本，进而为长三角经济带形成区域间产业合理分布和上下游联动机制，创造了良好的海关监管服务条件。同时，长三角经济带所拥有的保税区、综合保税区、保税港区、出口加工区、保税物流园区等各类海关特殊监管区域，也在一体化通关模式下实施配套改革，长三角海关特殊监管区域、保税监管场所间的保税货物流转，不再要求按照转关运输办理，企业可以自行运输。在推进长三角地区产业对接协作中，海关特殊监管区域所具有的转口、仓储、保税、服务等功能优势，将会根据产业布局的需要和企业物流的需要，集成发挥出来。

以“区内自行运输”为例，既是上海自贸区可复制推广的监管措施，也是长三角通关一体化的重要突破点。目前，南京海关正在与郑州、济南、重庆 3 个海关进行跨关区的“区区流转自行运输”联调测试，进一步降低企业物流成本，未来将扩展到整个长江经济带。

此外，在逐步开展关区间货物“口岸分流、快速调运”试点。“口岸分流、快速调运”是分属两个关区的作业现场，依托相互链接的物流信息平台，按照统一关区内两个作业现场货物调运的监管方式进行监管，如港区联动模式中港区集装箱到保税区的监管方式。关区间货物“口岸分流、快速调运”需要有一个物流信息平台作为依托，能够达到一个作业现场的输入或采集的车号、集装箱号、重量、封志号等信息可以直接传输到其他关区特定的作业现场。如果两个作业现场之间已经通过卡口控制系统达到互通互联，则只要系统软件稍作修改，就完全可以按照“口岸分流、快速调运”，比照港区联动模式办理两地集装箱货物的调运手续，而不必要办理相对复杂的跨关区转关手续，这样可以在不影响监管质量的前提下提高效率。

4. 创新区域进出口信用管理模式

在发挥市场核心配置的同时，更好发挥政府的监管作用和社会的自律作用，探索建立跨区域、跨部门的进出口信用信息交换和共享机制，涉及政府、市场、社会多元共治的企业进出口信用监管模式。

目前，“长三角”区域经济一体化日益加深，区域内企业产业结构调整和生产要素流动配置正逐步优化，企业出口竞争能力已明显增强，对外贸易也快速增长。因此，海关要以敢于创新、勇于负责的精神，加快改革不适合目前区域经济发展的管理理念、职能定位、执法水平、运作模式，努力转变传统观念建立与企业的新型合作伙伴关系，更好地发挥政府的监管作用和社会的自律作用，探索建立跨区域、跨部门的进出口信用信息交换和共享机制，涉及政府、市场、社会多元共治的企业进出口信用监管模式，切实提高行政执法效率，促进区域经济快速持续发展。

（1）转变传统观念，建立与企业的新型合作伙伴关系

国内外行政理论学者普遍认为，20 世纪以来的现代行政法在公共利益与个人利益关系上的价值判断由相互冲突转变到相互一致，在道德观念上的价值取向由相互猜忌转变到相互信任、友好合作，在行为关系上由竞争或对抗转变到服务与合作。因此，在长三角通关一体化中，海

关力求解决监管到位和通关效率的矛盾，实现自己的管理目标，根据现代管理理论，转变传统管理观念，建立与企业的合作伙伴关系，对诚实守信的企业实施最大限度地贸易便利。

①长三角通关一体化中“三点非强制性”

区域通关一体化之后，企业有这样几种作业方式可自主选择：

通关方式。海关共有5种模式给企业自行选择，包括口岸清关、属地申报口岸验放、属地申报属地放行、转关及区域通关一体化模式。企业可以选择最适合自己进出口贸易、物流特性的模式，不是强制的。

申报口岸。企业可以在自己的经营单位注册地申报，也可以到货物所在地申报。货物所在地里面，可以到口岸报，也可以到集中报关点申报。

查验地点。这主要基于进口业务。出口业务，是主管地申报、口岸查验。进口业务，可以选择把货物运回主管地，由主管地实施查验。

在长三角通关一体化中，完善了海关行政指导方式，建立海关有限的柔性管理方法。柔性管理是相对于刚性管理的一种行政管理方式，它是行政机关在其职责范围内，为适应复杂多样化的经济和社会管理需要，基于国家的法律精神、原则、规则或政策，依靠合理的领导和疏导，通过与相对人深入地沟通和协调，有效地实现行政管理目标的行为。行政机关柔性管理最主要的表现方式是行政指导。因为行政指导具有一个最大的特点——非强制性，它具有柔和的、民主的色彩。鉴于行政指导这一特点，在处理海关与企业的关系时，可以发挥两方面的作用：一是由于“非强制性”，尊重了企业的人格，是企业欣赏并乐于接受的；二是指导带来的服务使海关与企业的权利、义务关系得到相对平衡，能够调动企业的积极性。

②海关监管和服务更加到位

区域通关一体化改革推出了很多服务企业的措施，海关监管和服务会更加到位。比如，在海关专业认定、加工贸易单耗标准等方面，实行长江经济带关区互认，企业只需要办理一次申请，通过后无需另行申请，区域内各关自动认可。

③改革的适用企业范围扩大，报关企业经营范围扩大

在一体化通关模式下，长江经济带地区的企业都被视为一个关区的企业，都能享受一体化通关待遇。同时，在一体化通关模式下，报关企业的经营范围扩大。改革区域将被视为一个关区，原来对报关企业报关地点的限制也打破了，首批五地报关企业不但可以在本地区开展报关业务，也可以到另外四个地区开展报关业务，既为广大进出口企业提供了多种选择的条件，也促进了报关业的竞争发展。

（2）加快改革与区域经济相适应的职能定位

随着经济全球化的进一步发展，国际海关职能的重心逐步向贸易安全与便利、边境保护、口岸一体化管理等非传统职能转移。我国海关也较早参与到非传统职能的立法与实施上，如《海关知识产权保护办法》的修订和实施等。同时，海关的这些非传统职能实施已经和当前服务国家政治、经济、文化、社会以及生态文明建设发展的大局要求相吻合。但实际工作中，海关仍把重心停留在税收征管上，对非传统职能的履行缺乏敏感性和有效的管理方式和手段。此外，在国家进出口管理和口岸管理等宏观政策的制定方面，海关仍是被动执行政策，缺乏积极主张和作为，缺少话语权。在区域经济的发展中，通过探索涉及政府、市场、社会多元共治的企业进出口信用监管模式，建立跨区域、跨部门的进出口信用信息交换和共享机制，海关加强了与政府其他部门与企业的联系，将海关管理视作整个国家管理中的一环，改变海关改革履行方式“单打独斗”多，对与海关工作密切相关的外部管理资源运用少，习惯于关起门来搞改革、谈发展的局面。

(3) 简化行政审批

①允许报关企业“一地注册、多地报关”；允许区域外报关企业在区域内设立的分支机构，在区域海关直接报关；

②企业可以凭《加工贸易业务批准证》办理异地加工贸易手册设立手续，海关不再制作异地加工关封。

③执法互认。企业在一地办理的“三预”专业认定，可以在区域内各海关通用。

④在总署总担保及汇总征税项目的基础上，实现“一份保函、区域通用”。

⑤允许许可证签注口岸为长江经济带任一口岸的货物（有指定进出口口岸管理规定的除外），在区域任一海关办理申报验放手续。监管证件多地通用。

（二）长三角区域通关一体化建设中潜在的障碍

区域经济一体化将促使区域内各类资源的整合，推动区域统一市场的建立，海关作为口岸进出境活动的主要管理部门，将不可避免地在海关管理各领域受到冲击和影响，主要问题表现在如下 3 个方面。

1. 各部门的利益冲突问题开始凸显

(1) 各部门协调能力有待提高的问题

从横向关系来看，根据设关原则，国家在一些对外开放的口岸设立海关机构，办理预警出境运输工具、货物、物品监督管理相关的事物。因此，海关对外接触、交往主要限于本辖区内的政府机构、企业，主要是一些进出口企业、代理及海关业务相关联的政府部门，海关需要对外协调的主要也是一些个案事物的处理；从纵向关系来看，海关是中央直属机构，实行的是垂直领导体系，上下关系主要是领导和被领导的关系，同级别海关除学习交流外，需要协调的事物少之又少。由此，长期形成了海关在处理复杂问题时协调能力相对较弱、应变能力相对较差。随着区域经济一体化发展，海关区域通关将逐步实施，海关需要处理协调的范围和深度比以前发生质的变化，同一关区以及跨关区海关业务的协调甚至海关与跨省份有关部门、企业间涉及进出口业务问题的协调将日益频繁，其实长三角通关一体化试点后，海关协调已到达了以前无法企及的程度。这需要海关具有务实、灵活、老练的对外交往和协调能力，以及区域内海关一致对外的声音。

（2）区域经济一体化与传统海关业务管理机制冲突问题

目前，海关业务管理模式是以直属关区为单位进行管理：关区内统一通关、跨关区办理转关；关区为单位的税收任务指标；关区内适用通关便利措施；关区内统一操作规程、作业流程等。从现有模式运作情况看，存在关区分割，管理层级多，执法尺度不一，关区协调困难等问题。

随着区域经济一体化的逐步实现，区域内各口岸将逐步建成功能完善的物流通关平台，口岸之间物流信息、通关信息可实现互通互联。这在通关管理上可以做到由进出口企业自主选择申报海关，并且可以根据企业要求，将进出口货物通过联网系统快速分流到目的地海关，为实现“企业选择申报、口岸快速分流”提供可能。在物流监控上也可以做到一个海关对转出的进出口货物的运输、进出卡口、转入地海关报关、放行、提货等全过程进行对点追踪。由此将对传统的以直属关区为单位的业务管理体制产生冲击：一方面由于以关区为单位进行块块分割、关区协调困难，对外界反应迟钝，区域意识较差，不能适应经济一体化要求；另一方面由于区域经济一体化使区域内进出口物流更加便捷、便利，海关之间的业务联系更加紧密，业务渗透更加明显。

（3）属地海关检查制度的弊端

《长三角地区海关区域通关改革试点操作细则》中关于试点期间对

进出口货物的查验这一规定，会产生如下弊端：一是不利于人力资源的合理使用。由于检查口岸海关办理，进境地海关不得不将大量人力资源用于查验工作，而属地海关检查人员则会无货可查，形成资源利用上的浪费；二是不利于具体业务问题处理。如查验发现问题需要修改或撤销报关单的，企业先要求海关口岸将《查验记录单》传真至属地海关，再向属地海关申请报关单修改或报关单撤销，然后再向属地海关重新申报，最后才能到口岸海关办理卡口放行，手续相当繁复。三是查验所需报关单证流转不便。为此，建议区域通关中对进出口货物统一由属地海关进行查验，当然，口岸海关可以保留口岸查验权利，对出口货物在属地海关查验后按转关运输方式监管至口岸海关。确定属地海关查验制度可以完全解决因报关地与查验地不一致而产生的所有矛盾，有利于人力资源的合理使用以及操作手续的简化。

2. 海关通关效率需要进一步提高

在海关廉政状况根本好转、大规模走私得到有效遏制后，口岸通关效率已成为社会关注的焦点。由于省与省之间存在着“省份经济”现象及地方保护主义，与进出口货物通关相联系的省际之间、城市与城市之间，以及支线港与干线港之间的物流信息交流基本是相互绝缘，如南京港内支线船舶在集装箱装船完毕后无法将有关船舶装载信息直接发送到上海口岸，加上各省市物流平台和电子口岸平台数据互不联通，海关通关需要的信息只能通过原始的方式进行传递。以上原因客观上制约了海关通关效率的提高。加上由于许多省市之间为形成高速公路运输网络，运输耗时在企业内整个物流耗时比例较高，客观上也是企业忽略了对海关通关效率的要求。但随着区域经济一体化发展，“长三角”“珠三角”等区域已逐步从“省份经济”向“区域经济”转变，比较突出的两点：一是省级高速公路加快建设，如长三角地区正在打造“四小时经济圈”。二是区域性物流合作已逐步展开，如长三角地区 16 个城市已经明确促进各口岸建设以港口业务为核心的口岸物流信息互动和共享的统一平台，实现集装箱运输信息在口岸相关企业和政府之间的电子数据交换，南通港与上海港已经开展物流信息的一体化合作。随着以高速交通网及物流信息一体化为动力的区域经济发展，进出口货物在区域内流动将更加快速便捷，这必将对进出口货物在海关通关时提出更高的要求。其实，无论在“长三角”或“珠三角”，许多专家、政府部门、企业都希望通过区域经济合作，来打造世界一流的口岸通关效率，便利货物的跨境流转。

3. 管理理念和手段的问题

（1）管理理念与区域贸易发展不相适应

随着经济的快速增长，电子商务、服务贸易以及新兴产业的快速发展，而在作为中国对外贸易前驱的长三角，电子商务、服务贸易以及新兴产业的发展更是迅猛。在这样的背景下，海关传统沿用的对“货物”监管的理念已经不适应新的监管和服务要求。例如，海关总署制定的《关于做好对国际服务外包业务进口货物实行报税监管试点工作的通知》，本意是在保证有效监管的前提下提供有针对性的服务，但文件实行以来，在多个试点城市几乎均出现零备案的局面，反映出海关的管理理念和服务理念与新型贸易发展规律相悖离。

（2）区域经济一体化给现行海关业务与手段带来的问题

①总署将税收任务切块下达给直属海关，以确保国家税收任务的完成，这是十分必要的。但由于目前税收任务多少及完成数量，实际上已经成为考量海关规模、海关地位、评价政绩的主要指标，有时甚至上升到政治高度。因此，一旦任务吃紧，各地海关从自身的利益出发或对应税阻挠转关、或到口岸拜码头拉税源，等等，客观上阻碍了物流的畅通、增加了企业成本。

②报关单每票审单模式。1998 年通关制度改革以后，海关实行了

对报关单每票两级审核的作业模式，也就是说每票报关单在经过审单中心电子审核后，现场海关还需纸质单证审核，这种作业方式对业务量小的海关可以起到提高审单质量，加强审单监督的作用，但对每人每天平均接单量超过100票以上的业务现场，如果对每份报关单进行仔细审核，势必造成现场大量压单，因此实际上给予审单、接单人员每票只有几分钟甚至几秒的审核时间，质量难以保证。可见这种每票过单审核、两级审单貌似严密的审单模式，是造成审单质量下降的主要原因。

③封闭的监管手段，近几年来，各地海关大量创新监管手段，如闭路电视远程监控、液态商品的实时数据监控等，但这些手段都是应用于自己的作业现场或自己的管辖海关内。虽然总数开发的卡口联网控制系统已经在“长三角”等区域有关海关完成设备安装，进入局部试点阶段，但我们不应回避，此项在物流监控中具有革命意义的工作进展缓慢，不容乐观。如果该系统在长三角区域通关试点中不能同时发挥作用，以“快速、方便、低检查”为标志的长三角区域通关试点将遭遇较大监管风险。

（三）以通关一体化改革促进皖江物流联动的对策构思与建议

1. 改革合作制度，创新合作方式

为了更好地推动长江经济带海关区域通关一体化改革，海关、检验检疫、边检、海事、港口、机场、铁路、邮局、银行、金库、商务主管部门等部门应改革合作制度，创新合作方式。

（1）改革各部门任务考核方式，协调各部门之间利益分配问题。为进一步通关一体化的顺利进行，改变区域内部门产生吃“大锅饭”、区域与区域外转关难、各地海关等部门就税收、任务额等利益问题上的争议，应当改革各部门任务考核方式，将转关货物或属地申报货物的完成情况皆计算在转关前、后的海关、商检等部门的任务额度内。

（2）尽快推广各部门联网合作系统，加强各部门间信息的交流。建议各部门之间共享原本自有的、封闭的信息平台，扩宽物流等数据采集来源，共享监控设备硬件，这不仅能为各部门节省巨额卡口设备硬件费用，还能缩短各部门系统研发周期，增加各有关部门间的信息交流和合作，为进一步推动长三角通关一体化奠定基础。

2. 提高通关效率，推行一体化通关

（1）简化区域内手续。在通关一体化中，为提高效率，企业填写的相关申请、单证，在各部门间相互流通，企业无需再多次填写。同时，企业经申请允许后，可以在货物未到港前提前办理好各种手续，进境地海关、商检等部门的计算机对相关单证自动作休眠处理，在货物到港确认信息后，计算机再唤醒相关单证并办理确认。申请、单证通用与货物未到港前允许企业提前办理相关手续，可以缩短货物到港海关通关时间，加快港口输运速度。

（2）建立选择接单、检验机制。在货物流通量较大的现场，建立对货物选择性接单、检验机制，即计算机程序设置一定的接单或检验比例、设置必须现场审核的具体种类，对计算机提示需人工处理的，由接单人员、检验人员审核相关单证。报关单选择接单、检验机制的建立，不仅可以保证相关人员对重点货物的审核时间，提高审核质量，而且也加速了货物通关，提高了工作效率。

3. 改变管理理念，提升服务意识

20 世纪以来的现代行政法在公共利益与个人利益关系上的价值判断由相互冲突转变到相互一致，在道德观念上的价值取向由相互猜忌转变到相互信任、友好合作，在行为关系上由竞争或对抗转变到服务与合作。因此，政府部门要解决监管到位和通关效率的矛盾，实现自己的管理目标，必须根据现代管理理论，转变传统管理观念，建立与企业的合作伙伴关系，对诚实守信的企业实施最大限度的贸易便利。

（1）发挥有关部门行政契约作用，造就双方平等诚信的合作基础。在通关一体化中，海关、商检等有关部门以协商为基础与企业进行合作，能使企业为了契约中的权利而积极主动地履行义务，有利于与企业建立合作伙伴关系。在当前实践中，必须注意如下几点：一是要善于妥协和让步，在法律法规许可的范围内，尽量给予企业优惠照顾；二是必须完全放弃利用契约来逼迫企业就犯的思想和做法，在契约订立及执行时，让企业拥有充分的自主权；三是对企业的承诺要尽力兑现，对有关部门主动要求变更或解除行政契约的海关应该给予适当的补偿。

（2）扩大行政听证适用范围，扩展企业反映民意的法定渠道。推行通关一体化，旨在推动经济贸易便利化，为企业提供更高效的通关服务。扩展企业申辩渠道，及时将民意传达到相关部门，有利于及时调整相关政策，优化通关一体化模式，进一步推动贸易便利化的发展。

二、上海自由贸易港建设趋势及其对皖江进出口物流的促进

（一）上海市建立自由贸易港的条件与基础

自由贸易港的建立标志着我国对外贸易进一步开放进入一个新阶段，是顺应时代发展的历史趋势。2017 年，“上财中国自由贸易试验区发展指数”显示上海自贸区指数为 81. 35，领先于广东、天津和福建自贸区，具有一定的先行先试优势，广东、天津和福建分别为 80. 58、79. 71 和 79. 90。上海市是我国对外开放过程中最成熟也是最具有复制借鉴意义的城市，而自由贸易港是自由贸易区进一步开放的下一阶段，故上海市建立自由贸易港拥有较强的充分性。

1. 上海市对外贸易整体发展迅速

从整体情况来看，2016 年上海关区货物进出口总额 52334.85 亿元，比上年增长 3.3%；进口 20683.76 亿元，增长 5.1%；出口 31651.09 亿元，增长 2.1%；全年上海市货物进出口总额 28664.37 亿元，比上年增长 2.7%。其中，进口 16558.92 亿元，增长 5.2%；出口 12105.45 亿元，下降 0.5%（如表 8－1）。从表格中的数据可知，目前上海市货物进出口总额主体是外商投资企业，分别高达 10749.2 亿元和 8159.31 亿元，私营企业发展迅速，比上年分别增长了 16.1% 和 0.9%；从贸易类型来看，上海市主要以一般贸易为主，加工贸易随着上海市的劳动力成本逐步提高而下降，相比去年进出口总额降低 5.8% 和 6.4%。

表 8－1　2016 年上海市货物进出口总额及其增长速度

指标	绝对值（亿元）	比上年增长（%）
上海市货物进出口总额	28664.37	2.7
上海市货物进口总额	16558.92	5.2
国有企业	3024.38	6.7
外商投资企业	10749.2	2
私营企业	2618.84	16.1
一般贸易	8870.7	9.5
加工贸易	2033.48	－5.8
机电产品	8139.15	0.4
高新技术产品	5134.1	－1.1
上海市货物出口总额	12105.45	－0.5
国有企业	1478.4	－6.3
外商投资企业	8159.31	0.3
私营企业	2355.17	0.9
一般贸易	5255.66	1.1

续表

指标	绝对值（亿元）	比上年增长（%）
加工贸易	4847.34	-6.4
机电产品	8506.8	-0.1
高新技术产品	5219.96	-1.4

资料来源：2016 年上海市国民经济和社会发展统计公报

从上海自贸区区内发展情况来看（见表 8-2），2016 年区内外贸进出口总额 7836.80 亿元，增长 5.9%，其中出口额 2315.85 亿元，增长 14.5%。结合表 8-11 可知，上海自贸区占上海市总进出口额 27.4%，比 2015 年增长 1.03%。

表 8-2　2012-2016 年上海市自贸区货物进出口总额（亿元）

年份	区内货物进出口总额	区内货物进口总额	区内货物出口总额
2012	1130.52	867.1	263.42
2013	1134.33	839.3	295.03
2014	1241.00	909.54	331.46
2015	7415.46	5388.44	2027.02
2016	7836.8	5520.95	2315.85

资料来源：据 2012-2015 年《上海统计年鉴》及 2015-2016 年上海市国民经济和社会发展统计公报整理所得

2. 上海自由贸易区放宽金融服务业管制

《中国（上海）自由贸易试验区外商投资准入特别管理措施（负面清单）》（以下简称《负面清单》），是上海自贸区于 2013 年首创的，对外商投资采用“非禁即入”的管理方式。在 2013 年以及 2014 年《负面清单》中对金融服务业采取笼统限制，整体概括5项措施；2015年版《负面清单》中，金融服务业特别管理措施有15项，对分别金融服务业分类展开限制，但限制程度仍不明确；2017年版《负面清单》中，金融服务业特别管理措施有14项，主要针对2015年的《负面清单》限制措施具体到对象、时间、类型、金额，限制条件明确，操作实施依据性高。2017年6月，中国（上海）自由贸易试验区管委会和上海市金融服务办公室联合发布《中国（上海）自贸试验区金融服务业对外开放负面清单指引（2017年版）》（下称《指引》），这是金融服务业首份对外开放负面清单，金融服务业开放透明度大幅提高，分列明了外资投资设立金融机构管理（市场准入限制）和外资准入后业务管理措施（国民待遇限制）两方面共10个类别、48项特别管理措施，在内容上承继了2017年版《负面清单》中的金融相关内容，作了进一步的细化和完善，起到了补充作用。这将进一步促进上海市建立自由贸易港，发展离岸金融贸易。离岸贸易的发展，将带来巨大资金流，将我国经济推向另外发展高峰。

3. 物流业规模进一步扩大，互联空间格局逐步形成

自2011年来，上海市物流业逐年迅速发展，产业规模进一步扩大，据《上海市现代物流业发展“十三五”规划》显示，如表3，2011年至2015年，上海物流业总体增加值平均增长率高达7.96%，货物运输量、航空货邮吞吐量、港口货物吞吐量以及集装箱吞吐量均有不同幅度的增长。其中，2015年上海市物流产业的增加值高达3044亿元，相比去年增加9.3%，占全上海市的国民生产总值12.2%的比例，占第三产业增加值比重的18%比例；从表格中可知，2015年，上海港口货物吞吐量达71739.64万吨，集装箱吞吐量达3653.7万标准箱，这样的数量继续保持上海市港口世界第一的吞吐量；此外，在上海浦东机场货邮吞吐量高达327.5万吨占连续保持世界第三的上海市航空货邮吞吐量

370.9万吨的88.3%。上海自由贸易区的建设激发了我国物流业主体活力，在2015年，上海自由贸易区保税区域完成了物流航运服务的生产总值1200亿元，这使得其成为上海市国际贸易中心和国际航运的中坚力量。

表8-3 2011-2015年上海现代物流业规模统计表

指标	物流业增加值（亿元）	货物运输量（万吨）	航空货邮吞吐量（万吨）	港口货物吞吐量（万吨）	集装箱吞吐量（万标准箱）
2011	2242	93318.1	356.22	72800	3173.93
2012	2428	94376.25	337.96	73600	3252.94
2013	2614	91515.07	334.98	77547.57	3361.68
2014	2784	90340.88	361.39	75528.89	3528.53
2015	3044	91238.19	370	71739.64	3653.7
平均增长率	7.96%	2.60%	0.11%	4.03%	4.70%

资料来源：上海市现代物流业发展“十三五”规划

外高桥物流园区、深水港物流园区、浦东空港物流园区位于上海市东部沿海地区，在上海市建立自由贸易港是我国对接国际市场的不二之地，利用自由贸易区的保税区作为发展的突破口，加强我国临近港口和航空业与现代物流产生联动发展效应。在发展临港、临空产业的同时，积极对标目前的国际物流环境，构建我国开放型的经济新体制。此外，长三角物流需求的发展与西北综合物流园区以及西南综合物流园区的供给联接，将城市功能、交通区位、产业优势与物流发展协调融合，推动传统的物流向现代物流转型升级。最后，上海市关于快递、公路以及农产品的货物枢纽在逐步完善，将促进上海市形成东西联动、层次合理、发展协调的物流互联空间格局。

（二）上海自由贸易港建设给物流业带来的机遇与挑战

自由贸易港的建立究其根本来说主要是分为两方面：一方面，我国的基础设施是否能够满足我国建设自由贸易港的要求；另一方面，从管制的角度考虑，在口岸风险有效防控的前提下，我国是否能够拥有放宽对外贸易管制但又能获得开放红利？无论是从哪一方面考虑，以货物贸易为主的国家建设自由贸易港对物流业发展都具有较大的机遇与挑战。

1. 上海自由贸易港建设给物流业带来的机遇

（1）自由贸易港将解决物流效率问题

上海自贸区作为我国自贸区“1 +3 +7”“雁形阵”中的“领头雁”，对外开放后经济发展迅速，随之带动了物流业的迅速发展。对外贸易发展过程中，由于对物流巨大的需求量，带动了物流企业的迅速发展。在物流企业获得盈利的同时，一方面，原有物流企业纷纷扩大规模以谋求更高额的利润；另一方面，新的企业被利润吸引不断加入，分享自贸区带来的红利。经过数年发展，上海自贸区释放物流需求红利逐渐被瓜分，但仍有新企业不断加入，原有企业规模过大，导致规模效益不断减少。上海自由贸易港的建设，将会重新带来一波相比较更高于自贸区的红利。一线无条件准入、登记式备案、区内免证免审，对标国际最高标准将吸引更多国内外企业将自由贸易港作为货物交易中心。从原有企业角度来分析，规模过大的企业将重新获得高额利润，继而推动企业形成规模报酬递增趋势；从新企业角度来分析，不断增长的物流需求将促进企业扩大原有规模，寻求递增的规模报酬。

（2）提高物流业对长三角地区、长江流域、全国服务的辐射能力

从短期分析，上海市作为沿海城市，建设自由贸易港必然会带动上海市物流业的发展。此外，上海市又是长三角地区以及长江流域经济发

展中心，以及产业转移的出发点，其物流业的发展必定会从物流业的供给以及需求方面对长三角地区以及长江流域的物流发展起到推动作用；从长期分析，上海市作为我国对外开放的“三区一堡”，对于建设自由贸易区的经验已成功复制到我国其他省份，对于我国其他省份建立自由贸易区具有重要的指导意义。由此可知，上海自由贸易港必将是其他省份建设自由贸易港借鉴的原型，上海自由贸易港所带来的物流业的兴起也将会是其他省份承接自由贸易港带来的物流需求而发展物流业的最重要的借鉴对象之一。因此，无论是从短期分析还有从长远分析来看，上海自由贸易港的建立都将提高物流业对长三角地区、长江流域以及全国服务的辐射能力。

（3）“负面清单+非违规不干预”提高物流企业周转率

目前，上海自贸区对进出境货物申报采取“一线放开、区内自由”，“先进区、后报关”实质只起到延迟效果。上海自贸区内货物物流体系如图8-1：上海自贸区内存在先进的物流信息系统、物流基础设施系统、物流保障系统以及国家的政策扶持，运行物流运输所必需的物流节点以及海陆空运输网络。这些系统将连接供给方、需求方以及物流第三方承运方，以求达到物流信息的传送，为维护系统提供人员保障、政策支持、经济支撑。由于国家政策支持，自贸区内管制较松且税务低于区外，上海自贸区内吸引大量跨国公司、生产经营企业以及自贸区内的居民等物流需求主体。物流企业数量随着物流需求的增长而增长，主要包括进行海洋运输的港口企业、进行内陆运输的企业、顺应政策发展的保税仓库、进行分类转运的物流中心、连接顾客进行配送货物的配送中心以及第三方进行货运代理、报关清关代理企业等。当物流企业接到物流需求方的订单后，开始迅速地联系买主、卖主，进行沟通，采用合理的方式包装、流通加工、运输。又由于上海自贸区海关采用依托“海关特殊监管区域信息化辅助管理系统”允许经海关注册登记的区内企业凭进境货物的舱单等信息先向海关简要申报，并办理口岸提货和货物进区手续，再在规定的时限内向海关办理进境货物正式申报手续。上海自贸区虽然在较大的程度上减缓了货物到达时间，但是物流企业在进出境申报上所需资金以及人力仍未降低。而上海自由贸易港不同于自由贸易区，其是设立在我国的境内，但又不受我国海关关卡限制，处于关卡之外，这样的好处便是允许在自由贸易港内的货物、资金自由地进出自由贸易港的港口区。上海自由贸易港将延续上海自贸区负面清单制度，对于资信较高的企业将完全放开对其进出自由贸易港的监管。物流企业进出自由贸易港不受关卡阻拦，这将缩短物流企业运输时间，提高物流企业资金、人力以及运输设备的周转率。

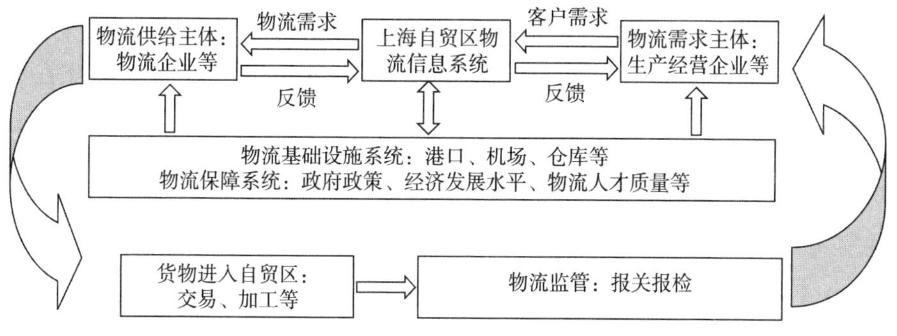

图 8-1　上海自贸区运行体系

（4）自由贸易港区推动港口、航运物流发展

2017 年 3 月，国务院《全面深化中国（上海）自由贸易试验区改革开放方案》部署在洋山保税港区和上海浦东机场综合保税区等海关特殊监管区域内，设立自由贸易港区。在对上海市的洋山保税港区以及上海浦东机场综合保税区取消或最大程度简化进出区货物管制措施，将大幅度提升我国贸易便利化的水平，这一点也是在现行的自贸区内无法进行的。自由贸易港的建立，一方面，进一步吸引国际市场把我国上海

市作为贸易中心，这一举措将为上海市物流业创造巨大的物流需求量，推动上海市港口、航运物流进一步发展；另一方面，上海市积极对接亚太示范电子口岸网络，利用亚太示范电子口岸网络的便捷，加快我国“一带一路”沿线口岸和上海的“单一窗口”进行服务以及信息共享，大幅度降低我国贸易成本，缩短贸易时间。据资料显示，2014 年自由贸易区内进口平均通关时间比区外减少 41.3%，出口平均通关时间比区外减少 36.8%。此外，21 世纪海上丝绸之路航线港口与上海港口建立合作对接机制，形成连接国内国外重点港口的亚太供应链中心枢纽将推进我国的对外贸易进一步开放。

2. 上海自由贸易港建设给物流业带来的挑战

（1）国际物流市场竞争愈加激烈

上海自由贸易港建设对我国物流发展起到极大促进作用，但同时带来了国际物流对我国物流市场的竞争。上海的物流一体化在国内具有较高程度，但相比较国外的物流企业仍然具有较大的差距。例如，亚马逊公司充分利用欧洲的地理特点和高度智能化的物流系统，针对欧洲一体化物流网络遍布欧洲 7 国（英、法、德、意、西、捷克、波兰），由超过 40 个运营中心组成。我国目前在港口物流、航运物流等方面的货运量远高于其他国家的货运量，但是相对于物流一体化程度在国际市场上竞争力仍较弱。从物流效率角度来看，上海市纯技术效率的测算值低于 1，表明我国的物流业对最新物流技术的引进到再吸收，最后结合我国物流业实际情况再应用还是比较落后。总之，上海自由贸易港不仅是面向国内市场打开，也是面向国际市场打开。因此，我国物流业迎来的不仅是自由贸易港带来的整块“红利蛋糕”，还有要面对被“红利蛋糕”吸引的国际物流的激烈竞争。

（2）传统仓储业到现代仓储业转变缓慢

无论是离岸贸易还是转口贸易，上海自由港的建设都对洋山保税港区以及浦东机场综合保税区的仓储业形成较大的挑战。目前洋山保税港区以及浦东机场综合保税区内均具有仓储物流功能，总体陆地面积不超过 10 平方公里，新建设自由贸易港对仓储业的发展具有较高的要求。近年来，我国传统产业物流需求加速回落，高新技术产业以及跨境电子商务物流发展异常迅猛，物流需求结构改变促使仓储业结构改变的问题在面临设立自由贸易港所带来的跨境贸易等庞大需求面前更亟待解决。因此，传统仓储业提供的简单的储存、中转等服务已无法满足自由贸易港的需求。相比较其他港口，自由贸易港港口由于本身面积的特殊地域性，不仅要求它能满足传统仓储业原有高速周转功能，也要提高其现代仓储业处理跨境电子商务信息化和智能水平的能力。

表 8-4　上海自由贸易港区简介与功能介绍

区域	简介	功能
洋山保税港区	面积 8.14 平方公里，陆域部分面积 6 平方公里，由保税区陆域部分、东海大桥和小洋山西港口区域三部分组成	设有口岸查验区、港口辅助区、仓储物流区、国际中转区、采购配送区、加工制造区、商贸服务区等功能区
浦东机场综合保税区	面积 3.59 平方公里，位于东部沿海经济带与长江流域的交汇点，紧邻货邮吞吐量位居世界第三的浦东国际机场，又处于亚、欧、美三角航线上，具有很强的对外对内辐射能力	叠加了保税区、出口加工区和保税物流园区 3 种特殊监管区域的所有功能政策，区内重点发展国际货物中转、国际快件转运、维修检测、融资租赁、仓储物流、出口加工、商品展示交易以及配套的金融保险、代理等业务

（3）应对自由贸易港的物流成本过高

物流成本过高一直是我国发展现代物流业尚未解决的问题，自由贸易港的建设将迫使这方面问题亟待解决。如表 8-5 所示，从 2012—

2015 年数据来看，上海市终端消费量总体上呈逐年增加趋势，于 2015 年高达 11549. 55 万吨标准煤，第三产业高达 4012. 19 万吨标准煤；此外，上海市交通运输、仓储和邮政业在 2015 年消耗能源为 2140. 87 万吨标准煤，且 2012—2015 年占第三产业比重 54%，占上海市总终端消费量的 18%。除此之外，物流的基础设施方面成本过高，在 2015 年上海市固定资产投资额为 6352. 7 亿，第三产业固定投资额占比高达 84. 84%。无论是从能源的成本还是从基础设施建设方面考虑，目前我国物流行业整体成本过高。上海自由贸易港的建设，从我国目前的物流基础设施来看仍无法满足最高对标后对物流行业的要求，从上海市物流的效率来看，应对自由贸易港货物自由进出以及由自由贸易港带来高标准的物流水平仍需要较大的物流成本的投入。

表 8 –5　上海市能源平衡表部分（标准量）及占比（万吨标准煤/%）

指标	交通运输、仓储和邮政业	第三产业（产值/占比）		终端消费量（产值/占比）	
2012	2 045. 01	3 725. 52	54. 89	11 183. 99	18. 28
2013	2 044. 15	3 789. 85	53. 93	11 456. 08	17. 84
2014	2 045. 35	3 835. 88	53. 32	11 281. 72	18. 13
2015	2 140. 87	4 012. 19	53. 36	11 549. 55	18. 54

数据来源：2016 年《上海统计年鉴》

（三）基于 DEA 模型的上海市现有物流效率的验证

上海市属于沿海城市，由于其经济发展迅速，基础设施建设程度远高于我国其他城市。此外，拥有天然港口的自然条件以及自贸区的城市经验，使上海市成为我国探索自由贸易港的不二之地。相比较封闭式的自贸区，开放式的自由贸易港对于物流效率要求将远高于自贸区的要求。因此，抛弃对自贸区内物流效率的测算，采取对整个上海市物流业测算更符合开放式自贸港要求。目前，上海建设自由贸易港的条件优越，自由贸易港给上海市整体物流业将带来巨大发展机遇的同时，也给上海市物流业带来具体的挑战。通过查阅资料，我们利用 DEA 模型测算上海市 2003—2015 年的物流效率，由此验证上海市物流业目前所面临的物流发展现状。

1. 测算方法的介绍

数据包络分析（Data Envelopment Analysis，简称 DEA）是著名的运筹学家 A. Charnes、W. W. Cooper 和 E. Rhodes 在 1978 年率先提出来的，它也被称为“DEA 有效”，是专门用来评价部门间的相对有效性的模型，首个 DEA 模型被命名为 C^2R 模型。1984 年，R. D. Banker、A. Charnes 和 W. W. Cooper 提出了第二个 DEA 模型，并命名为 BC^2 模型。DEA 模型测算的原理是在保持生产决策单元的产出和投入的量的前提下，利用与之对应的数学规划方法估算一些与生产效率方面的问题，依据求解数学规划而得到投入、产出变量是评价主要对象，故具有较强的客观性。DEA 模型前提条件假设有 n 个是决策单元，也称为是 DMU，每个决策单元又存在 m 种类型的投入项与 s 种产出项，文中分别用 $X_j=(x_{1j}, x_{2j}\cdots, x_{mj})$ 和 $Y_j=(y_{1j}, y_{2j}, \cdots, y_{mj})$ 来代表投入项向量和产出项向量，此外用 $V=(v_1, v_2, \cdots, v_m)^T$ 和 $U=(u_1, u_2, \cdots, u_s)^T$ 这两个向量作为两个模型的权系数。因而，针对每一个 *DEA* 相对的效率评价指数是：

$$G_j = \frac{U^T Y_j}{V^T X_i} = \frac{\sum_{r=1}^{s} u_r u_{rj}}{\sum_{i=1}^{m} v_i x_{ij}} \qquad (j=0, 1, \cdots n)$$

由上式可知，当 G 的值越大，即 Xj 越小，Y_j越大的时候，DEA 就越能够表明用较少的投入得到与之相对应的产出。现在尝试构造最优化的模型，将其记作 j - DMU：

$$MAXG_0 = \frac{U^T Y_j}{V^T X_i}$$

$$\text{s.t. } MAXG0 \leqslant 1, j = 0,1,2,\cdots n$$

$$V \geqslant 0; \qquad U \geqslant 0$$

为了方便求解，文章引入松弛变量 S^+、S^- 以及标量 x，因此，验证上海市物流效率的 DEA 模型为：

$$\min\theta$$

$$s.t. \sum_{j=0}^{a} X_j\lambda_j + S^- = \theta X_0$$

$$\sum_{j=0}^{a} Y_j\lambda_j + S^+ = Y_0$$

$$\sum_{j=0}^{n} \lambda_j = 1$$

$$S^+, S^-, \lambda_j \geq 0, j = 0,1,\cdots,a$$

2. 测算指标体系的建立

从代表性以及可操作性的角度考虑，对上海市采取 DEA 方法测算其物流业效率。由于目前现有数据无法囊括所有物流业数据，故采用主流方法，即用交通运输、仓储和邮政业总体水平代替物流业的整体发展水平。其中，指标中的资本投入具体采用交通运输、仓储和邮政业固定资产投资额作为实测数据，运输路线长度包括铁路营运里程、内河航道里程、公里里程（见表 8 -6）。

表 8－6　物流业投入与产出指标

指标类型	指标
投入指标	交通运输、仓储和邮政业生产产值（亿元）
	交通运输、仓储和邮政业从业人员（万人）
	交通运输、仓储和邮政业资本投入（亿元）
	交通运输、仓储和邮政业运输路线长度（公里）
产出指标	货物周转量（亿吨·公里）
	交通运输、仓储和邮政业的货运量

3. 测算数据来源

上海市物流效率测算中的投入与产出指标中，其生产产值、从业人员、资本投入、周转量以及货运量均来自 2003－2015 年《上海市统计年鉴》以及上海市国民经济和社会发展统计公报，运输路线长度是由铁路营运里程、内河航道里程、公里里程简单加总而来。

表 8－7　上海市 2003－2015 年物流投入产出表

年份	货物周转量	货运量	生产产值	职工人数	资本投入	运输线路长度
2003	8587	58669	405. 17	45. 9	247. 24	8834. 24
2004	10036	63180	493. 6	47. 7	297. 52	353577. 524
2005	12132	68741	582. 6	48. 4	402. 30	340625. 3
2006	13837	72617	669. 01	49. 23	578. 00	336297
2007	15949	78108	723. 13	49. 74	822. 92	348024. 9186
2008	16031	84347	769. 64	55. 56	771. 70	572402. 7046
2009	14436	76967	635. 01	54. 28	873. 30	558109. 3
2010	16173	81023	834. 4	54. 97	640. 40	566513. 4

续表

年份	货物周转量	货运量	生产产值	职工人数	资本投入	运输线路长度
2011	20367	93318	868.31	58.14	492.48	602259.48
2012	20427	94376	895.31	60.11	371.03	621898.03
2013	17868	91535	935.06	88.21	366.11	900334.11
2014	18691	90128	1044.46	87.55	383.33	894516.73
2015	19553	90893	1133.17	88.2	585.36	902081.24

数据来源：2003－2015 年《上海市统计年鉴》、上海市国民经济和社会发展统计公报

4. 实证结果分析

根据表 8－7 中的数据以及测算目的，运用 DEAP2.1 软件分别用 C^2R和 B^2C 产出导向型模型对上海市 2003－2015 年物流效率进行测算。测算得出上海市历年来的技术效率、纯技术效率、规模效率以及规模效益。(见表 8－8)

表 8－8　上海市 2003－2015 年物流效率产出导向型测试结果

年份	技术效率	纯技术效率	规模效率	规模效益
2003	1	1	1	不变
2004	0.974	0.984	0.99	增加
2005	0.98	1	0.98	增加
2006	0.966	0.995	0.971	增加
2007	1	1	1	不变
2008	0.981	0.981	1	不变
2009	1	1	1	不变
2010	0.919	0.925	0.993	增加

续表

年份	技术效率	纯技术效率	规模效率	规模效益
2011	1	1	1	不变
2012	1	1	1	不变
2013	0.983	0.985	0.998	增加
2014	0.924	0.955	0.968	减少
2015	0.744	0.963	0.773	减少
总体均值	0.959	0.984	0.975	

根据表 8－8 分析，从总体均值来看，上海市物流技术效率为 0.959，纯技术效率以及规模效率均未达到 DEA 有效水平。从具体年份来看，上海市 2003 年、2007 年、2009 年、2011 年以及 2012 年物流业达到 DEA 有效水平，技术效率均为 1，这表示上海市这 5 年的物流资源得到了优化配置；上海市 2004—2006 年、2010 年、2013 年均未达到 DEA 有效水平，技术效率均低于 1。其中，2005 年导致 DEA 无效低是由于规模效率过低，2008 年导致 DEA 效率低是由于纯技术效率过低，其余年份是由纯技术效率和规模效率双方均过低造成的，这表明上海市未达到合理配置物流资源和提高物流效率状态；2014 年及 2015 年，上海市物流业处于规模报酬递减的阶段，物流业效率也是逐年降低，在 2015 年技术效率降低至 0.744，处于十几年内最低数值。

5. 验证结论

根据测算的结果分析，上海市在 2003 年到 2013 年物流效率较高，上海市基本上达到合理配置物流资源的水平。但从 2014 年开始，出现物流效率以及规模效益递减状况。2015 年的物流效率加速下滑。这种状况表明，随着现代物流的发展，自由贸易区对促进物流发展的效用逐渐降低。面对这种现状，必须要更高层次的贸易政策突破，上海自由贸易港建设必将给上海市物流业发展带来巨大的机遇。

(四) 上海自由贸易港建设的机遇及其趋势实证对促进皖江进出口物流业联动发展的启示

1. 吸引全球物流产业链资源集聚，提高物流业竞争力

目前，国际物流市场的发展速度异常迅速，并且呈现出国际物流趋向一体化、为客户提供增值服务、4PL 带来新挑战、最新物流技术获得重视这 4 种趋势。我国要想提高全球物流产业链资源集聚，可以从这 4 点入手：首先，加快我国物流网络建设，物流企业应利用本身条件与供应商和用户达成合作，形成联合力量来以此延伸物流一体化的深度，除此之外，物流企业之间可以进行多方面合作来获得物流效率以及增加规模经济效益以此拓宽物流一体化的宽度，当物流纵向一体化以及横向一体化成熟，将成为生产企业与物流企业多方位和纵横交叉的物流网络，形成物流整个行业的规模效益；其次，从物流需求的角度考虑，物流业应从增加便利性、加快反应速度、降低成本以及延伸物流服务角度入手；再次，引导向第四方物流（供应链集成商）发展，自由贸易港结合其本身拥有的贸易便利性，结合本身拥有的人才、技术与资金，发展与服务供应商合作能力推动整个物流系统向更合理、更高效率发展；最后，吸引全球物流产业链资源集聚，还需要最新的物流技术的支撑，例如，冷链物流不仅需要国际市场广阔且物流技术要求高，除了生鲜的巨大市场还包括广阔的医药市场，预计到 2020 年我国冷链市场将达到 3479 亿规模，我国应加大对最新物流技术的引进与研究，为自由港以及整体物流发展提供技术支持。

2. 发展“引进来，走出去”仓储业

在上海自由贸易区仓储业发展的基础上，皖江仓储业发展必须要结合自身特色，再引进香港、新加坡、荷兰等自由贸易港发展仓储业的成

熟经验，最后吸收融合形成我国可复制可推广的上海自由贸易港仓储业发展路径。目前上海市存在仓储业成本高、仓库规划不合理以及人才匮乏等问题，同时面对自由贸易港建设中传统仓储业与现代仓储业转变缓慢问题。在解决健全仓储业监察与规范体系，优化仓储布局及拣货环节以及加强人才建设等原有问题的同时，更需求引进国外自由贸易港先进的仓储业发展模式。例如，荷兰在早期就创新出一种保税网络模式，这种模式对于保税仓库和运输具有较高的弹性。具体来说，就是形成一个保税仓库和保税运输的整体网络，其主要的作用就是来提高荷兰各处物流企业营业活动机率，进而促进整个荷兰物流业的发展。

3. 加快新能源建设，全面构建基础设施网络，提高物流业效率

从能源方面分析，物流业主要是以交通运输、仓储和邮政业为主，这三种产业无一不需要大量的能源消耗，我国对煤炭、石油等自然资源的依赖是造成环境污染以及自然资源滥用的主要原因，造成这样的原因主要有：第一，我国物流业对于煤炭、石油资源的利用率低，因此要发展新型制造业，提高自然资源的转化率；第二，我国虽然对新能源的开发逐步取得较好的成绩，但将新能源成果转化到实际应用比例较低。因此，对传统能源的利用率以及新能源成果的转化是我国提高物流效率的方案之一。从基础设施方面分析，加强水利、公路、航空、管道、信息、物流等基础设施网络建设，是我国物流提高物流业效率的主要途径之一。截至2016年年底，全国铁路路网密度129.2公里/万平方公里，内河航道通航里程达12.71万公里，规模以上港口万吨级泊位达2317个，位居世界第一，全国99.99%的乡镇和99.94%的建制村通了公路，高速公路里程更是突破13万公里，跃居世界首位。截至目前，我国“五纵五横”综合运输大通道建设基本完成，全国物流综合交通网络基本建成。

4. 培养复合型人才，提高物流行业整体素质

现代物流的核心包括了现场主义、改善主义、动作主义、服务主义，贯穿于物流实际运作各个环节与过程中。因此，除了基础设施以及先进的物流技术之外，“物尽其用、地尽其利、人尽其才、货畅其流”的复合型物流人才也是影响我国物流业效率的重要因素之一。从培养复合型人才上，可以考虑从以下几个方面入手：

一是加大对高等职业技术院校以及普通高等学校的资金投入，提高高校的师资力量，培养高级物流相关课程的老师，提高物流教学水平，激发学生学习物流行业知识的积极性；

二是培养学生将学习的理论知识与实际结合，学校的物流教育要具有多方位导向性，要以解决实际物流问题为前提，提高实践教学环节效率，培养能够独立完成采购物流、生产物流、销售物流、逆向物流等规划方案的实战型专业人才；

三是针对在岗物流人员的培训，在入上岗前，对职工进行入职培训以及集中培训，进行实际操作的轮岗实践，针对领导层、管理层，要因岗制定相应的培训方案，力求不断提高企业内部物流相关人员的能力；

四是从整个行业的发展考虑，应积极推行物流从业人员职业或岗位资格管理制度，针对物流从业人员职业或岗位管理进行多等级测试，放长等级上限和下限，这样有利于筛选出高级复合型物流人才，同时又降低了物流行业进入的门槛。

5. 借鉴日本经验，构建“第六产业 + 互联网”的联动发展模式

针对日本20世纪90年代农业面临的发展状况，日本农业专家今村奈良臣按照行业划分，根据第一产业、第二产业、第三产业，“1 +2 +3”等于6，“1 ×2 ×3”也等于6，提出了“第六产业”的概念。第六产业通过鼓励农户搞多种经营，即不仅种植农作物（第一产业），而且

从事农产品加工（第二产业）与销售农产品及其加工产品（第三产业），以获得更多的增值价值，为农业和农村的可持续发展开辟光明前景。从总体现状来看，我国目前存在货物流通渠道长、中间环节多、中小型货物流通企业过密，各环节之间未形成货物物流全程供应链管理问题，由此导致我国物流成本高居不下。“第六产业”就是融合三个产业，形成完整的产业链和价值链，通过鼓励农民不仅从事种植业，还要从事农产品加工销售。利用现有的电子商务农产品销售平台，通过“互联网＋ 第六产业”联动发展减缓农产品流通渠道长、中间环节多等问题，进而构建“公路＋铁路＋水路＋航空”的农产品“通运”模式，形成“无缝式”产品供应链管理系统。结合我国地区产业发展不平衡，采用三产联动发展模式，减少物流流动成本，改变种植业发展地区物流低效的现状。

三、皖江区域自贸区设想及其进出口物流促进

申请设立安徽自由贸易试验区，既是贯彻落实党中央、国务院关于自由贸易试验区的工作部署和习近平总书记视察安徽重要讲话精神的重要举措，也是安徽全面对接国家“三大战略”、深化国家有关战略布局的迫切需要，是安徽实施创新驱动、促进产业升级的迫切需要。但这个过程其实一直并不顺利。

早在2014年2月的安徽省“两会”上，安徽省商务厅厅长曹勇就提出，以合肥、芜湖、马鞍山三市打包申报设立安徽（合芜马）自由贸易实验区。在2014年的安徽省政府工作报告中，也提到要支持有条件的园（港）区争取自贸区试点。当年4月安徽的自贸区申请上报至国务院。

至于为什么要以合芜马三市联合申请？理由有三点。首先，三市区位交通优势明显，临江达海，水、陆、空交通体系完备；其次，三市经济发展水平高，开放步伐快，地缘相接，而且是皖江城市带承接产业转移示范区、合芜蚌自主创新综合配套改革试验区、国家长江经济带转型升级战略的叠加区。在申报方案中，安徽自贸区范围包括合肥综合保税区、合肥出口加工区、合肥空港经济示范区、芜湖出口加工区、合肥港、芜湖港朱家桥港区、芜湖三山港区、马鞍山郑浦港区，4 区 4 港总面积约 40 平方公里。

合肥综合保税区当年就获国务院批准同意设立，该区实行封闭管理，按照海关特殊监管区域有关规定组织综合保税区隔离监管设施的建设，合肥综合保税区的基础设施建设包括东淝河路、西淝河路在内的主干道。2015 年 3 月，合肥综合保税区建成。整个综合保税区按照功能区进行划分，包括核心区、龙头企业区、中小企业区、物流区检测维修区和研发区等区域。其中，核心区设通关服务中心、出口产品交易中心、查验区、仓库等功能。依托于合肥的重点产业，合肥综合保税区的产业定位主要是两大类：平板显示的下游和终端产品、出口家电等。作为安徽的首个综合保税区，该区将辐射整个安徽，下一步还经围绕国际结算、保税展示、跨境贸易等多种形态进行招商。目前，已经有一批企业正在洽谈中。综合保税区目前规划是 2.6 平方公里，但随着安徽对外经济的发展以及保税区项目的逐渐增多，未来该区域面积可能还会继续扩大。但以合肥、芜湖、马鞍山三市打包申报设立安徽（合芜马）自由贸易实验区并没有下文。

随后，在 2015 年 3 月，安徽省出席第十二届全国人大第三次会议的代表又继续提出建议设立安徽沿江（皖江）自由贸易试验区，名称不一样，本质没区别。当年 5 月 19 日，安徽省十二届人大常委会第十九次会议再次提议比照上海自贸区，将积极申建皖江自贸区。

最新的努力是在2017年3月，十二届全国人大五次会议安徽代表团再次申请设立安徽自由贸易试验区，他们认为安徽区位优势突出、科技资源丰富、产业基础厚实、政策优势明显、开放载体成熟，建立自由贸易试验区有着良好的基础和突出的优势。

因此，安徽代表团建议，国家支持安徽建立以合肥、芜湖、马鞍山综合保税区为主体，合芜蚌国家自主创新示范区为平台的安徽自贸试验区，并在方案制定、体制机制创新、基础设施建设等方面给予具体指导和支持。

申报过程中，安徽的努力有目共睹，安徽的成效突出靓丽。未来也许自贸区的名义依然存在巨大的不确定性，但申报的过程就是我们不断实践的历程。我们可以在短时间内淡化“名分”的预期，但通过对接和吸收自贸区实践的“干中学”模式，我们已经有了这个领域丰富的经验积累，依托持续的“干中学”，未来以自贸区经验促进皖江区域进出口物流产业的巨大进步是完全可以预期的。

第九章

皖江口岸进出口物流联动对策建议

实现皖江口岸进出口物流联动的前提是设置整个区域的口岸物流中心。皖江口岸进出口物流中心应定位于大型综合类，以带动皖江口岸进出口物流为主题，以成为安徽省的进出口物流配送枢纽为己任，同时以统筹协调为重要补充的口岸进出口物流中心。立足安徽省“十三五”国民经济发展规划和物流业发展规划，并结合皖江口岸自身实际，营造更外向的经济开放体制和环境，制定合理的皖江口岸进出口物流发展方略，从而科学规划皖江口岸进出口物流中心的建设，将中心建设的重点聚焦在服务于皖江整体协同对外开放的大格局上。构筑皖江口岸联动发展框架，让皖江口岸群成为知名优质化的口岸群。皖江口岸进出口物流中心将会成为整个安徽省外向型经济发展过程中的进出口物流运送中心，进而促进安徽全省经贸便利化目标的实现。

一、皖江口岸进出口物流协同联动的基本对策

（一）推进皖江口岸进出口物流一体化联动建设，应完善皖江口岸进出口物流电子信息系统构建

构建皖江口岸进出口物流电子信息系统，以皖江口岸进出口物流中

心——合肥港口岸为中心，实现皖江其他口岸对接入电子信息系统，完成口岸进出口物流信息在皖江口岸群中的传递，互相之间可以加强沟通并节约宝贵的时间成本。芜湖口岸、马鞍山口岸等口岸要将本口岸中从事进出口物流服务的相关监管、核验、稽查等部门的信息系统尽快与皖江口岸电子信息系统对接，使得信息在交互共享的过程中带来方便，潜在地提升皖江进出口物流整体的工作效率。皖江其他口岸与皖江进出口物流中心的电子信息化建设要统一信息交互机制，共享技术开发框架等便利。促进整个皖江口岸的互联互通，从而实现皖江口岸进出口物流一体化联动发展的雄伟目标。安徽省政府要协调皖江各口岸方利益，从大局出发，优先在皖江口岸进出口物流中心——合肥口岸进行口岸“一步式”通关试点，将本口岸内部所有机构构成融为整体，机构相互之间各司其职、管理有序，完善口岸中心“一步式”统管战略建设，使得皖江其他口岸纷纷效仿，共筑皖江口岸进出口物流联动的美好未来。

（二）应加强皖江口岸配套交通体系建设

合肥港口岸的航空港口岸要不断进取，与国外航空港口岸达成更多的直航线路，选择最优路径去完成皖江内部货物与服务的物流，进一步节约进出口物流的时间成本。经合肥新桥机场的货物可以直接过池州口岸的九华山机场进行物流通关，扩充池州港口岸的运量，也可以使池州口岸逐渐发展为皖江南部的潜在航空港口岸中心。皖江口岸进出口物流一体化联动建设应以长江水运为基础，以合肥港口岸作为皖江口岸进出口物流中心为重点，创设多层次立体的皖江口岸进出口物流新型运输方式。以交通干线为桥梁，以铁路、空运等多式联运为依托，将合肥口岸与沿江五口岸联系起来，实现皖江口岸进出口物流环节的全过程管理。皖江口岸群中应体现口岸进出口物流一体化联动和各口岸协调发展的理念。充分发挥各口岸的优势，对外形成统一的竞争实体。政府还应该主导协调合肥口岸、芜湖口岸、马鞍山口岸，发挥规模效应、减少内部交易成本，安庆口岸可大力吸引皖江以北地区的货源，铜陵口岸和池州口岸作为辅助，明确分工，相互协调发展。皖江口岸进出口物流一体化联动便可初具雏形，假以时日，必能促进皖江地区的跨越式发展。

（三）加强皖江口岸进出口物流一体化联动的合作机制

在加强皖江内各口岸合作方面，要继续现有的合作成果，并在立足于现有状况上深化皖江口岸群与“长江经济带”等方针政策的合作，综合口岸进出口物流运量、大宗货物进出口通关以及物流通道的互联互通等方面，皖江口岸群应与泛长三角口岸群建立合作协同机制。口岸群相互之间取长补短，让皖江口岸进出口物流一体化联动与泛长三角口岸的发展结合起来，使得皖江口岸的发展更具备先进的理念。皖江口岸进出口物流一体化联动发展也是安徽省“十三五”规划中的物流发展板块重要的一部分，联动发展可以推进安徽省现代物流体系的建设，进而使整个皖江地区外向型经济焕发出新的光彩。皖江口岸进出口物流一体化联动发展任重而道远，需要各口岸携手并进，共同开拓属于皖江口岸的美好明天。

二、政府层面的对策建议

（一）建立协同联动的服务型政府

口岸进出口物流的协同具有涉及主体众多、范围广泛、协调管理繁杂、影响深远等特点。政府从宏观层面进行合理的引导、支持和管理在一定程度上有利于克服口岸企业只关注自身利益，忽视整体利益，只看到眼前利益，忽视长远利益的弊端，实现皖江口岸整体竞争力的持续提升。但是目前皖江口岸各地政府仍然存在为追求政绩不顾口岸和口岸城市的自然条件、吞吐量、经济发展水平、产业状况以及外部竞争等因素，一味追求口岸的大型化、综合化和现代化，千篇一律争相打造航运中心等问题。这种政府管得过宽、过多以及政府间的相互竞争易造成口岸功能重叠、重复建设、效率低下，优势资源得不到充分利用等问题，妨碍皖江口岸进出口物流效率的提升。为此，政府需要转变思想，在参与口岸协同发展时要始终坚持以市场为主导，以提供优质服务为理念，做好口岸协同的引导、支持和管理工作，明确管理界限，建立服务型政府，为其打造开放、公平、充满活力的市场环境，激发口岸企业活力。同时政府需要从宏观视角出发，以皖江口岸整体竞争力的提升为目标，建立动态长远的政绩考核机制和政策补偿机制，打破行政边界的束缚，建立统一规范的口岸物流市场，积极促成协同的服务型政府，以政府的协同带动皖江口岸的协同，进而实现皖江口岸从上至下的协同发展，促进皖江口岸进出口物流不断向更好的方向推进。

（二）设立专门机构，建立公共信息平台

1. 设立专门机构，进行统一管理

目前，皖江口岸主要由各口岸所在地的地方港航管理局进行直接管理，高一级别的则是交通运输部长江航务管理局对整个长江流域进行统一管理。可以看到，目前皖江口岸的管理缺少一个正式、专门的中间层级机构进行直接管理，来协调资源的流动和分配。因此，安徽省政府应该针对皖江口岸的协同发展问题设立专门机构，引进优秀人才成立专家小组，对皖江口岸的总体规划、建设、运营以及管理等方面提出意见和建议，打破各地方港航管理局独立规划、各自为政、相互排斥的尴尬局面，弥补长管局管理不到位、缺乏针对性的不足。通过设立专门机构，促进口岸管理机构之间信息、技术、人才的流动和统一的管理规划，鼓

励口岸之间开展深度合作，加快编制总体发展规划，明确功能定位，为其发展提供引导并积极给予人才、资金、技术等方面的支持和帮助，努力成为皖江口岸协同进出口物流发展强大坚实的支持后盾。

2. 建立公共信息平台

正如前文所说的，口岸物流协同是一个涉及众多主体和环节的复杂系统工程。做好系统内部口岸与政府，口岸与口岸，口岸与各供应链以及各供应链之间的信息沟通、协调配合，保证物流协同高效有序进行，就需要建立一个完善的物流信息平台。鉴于目前皖江口岸还处在发展的初中级阶段以及协同的探索阶段，可以选择由该专门机构牵头，政府支持，企业参与，面向市场的方式建立公共信息平台。这种方式既可以避免完全由政府主导建设所导致的与市场实际需求不一致的现象，又能够弥补完全由企业和市场主导所存在的资金技术缺失，缺少统一领导规划的不足，很好地中和了二者的劣势，发挥了二者的优势。参考现有优秀的物流信息平台和皖江口岸的实际需求，我们建议以口岸物流信息平台为依托，围绕政府机构（海关、检验检疫、边检）、皖江六口岸、货主（贸易、生产企业）、物流企业（船公司、货代、报关行）以及金融企业（银行、保险）五类主要信息平台用户，将所涉及的政策、装卸加工、货物、物流、金融及监管信息等汇总在该物流信息平台之上，各用户可以在平台上进行信息发布、数据交换、商务交流、物流操作、决策支持和综合管理，形成一个功能完善、资源互通、服务周到、实时有序的区域综合网络。

（三）加强基础设施建设，完善集疏运网络

基础设施作为口岸物流综合环境的支撑力量之一，是其不可缺少的硬件环境。完善的口岸基础设施不仅能够减少码头运作的时间，提升运作效率，促进物流运作流程的合理化，为企业带来经济效益，而且可以

延伸口岸服务链环节和优化服务质量，提升皖江口岸形象。

1. 合理利用岸线资源，加大码头改造力度

合肥口岸在完成一二期集装箱综合码头建设的基础上，要扩大口岸开放范围至锚地和后方陆域堆场，将合肥口岸建设成为服务高效、功能齐全、面向国际的综合物流运输枢纽。根据临港工业和腹地经济的发展现状和要求，当前的芜湖口岸需要重点建设汽车滚装、集装箱和通用杂货类的大吨级专业化泊位，以满足当前和未来口岸发展需要。马鞍山港一方面需要对目前的小、杂、简易码头进行拆除整改升级改造，促进岸线资源的有效配置和充分利用；另一方面以郑蒲港为依托，建设综合型公用港，以满足马鞍山对于矿石、钢铁和建材等大型散货和件杂货的运输需求，与芜湖港形成职责分明、错位发展的良好态势。铜陵、安庆、池州三口岸需要继续加大对口岸基础建设的投资支持力度，对功能单一、性质相同的港区码头进行整合；对等级、效率、规模不高的码头进行拆除和整改，同时建立审批制度，提高准入门槛；对水深、岸线长度等自然条件优越的码头进行重新规划设计，改造升级，提升资源利用率，提高服务效率，努力融入皖江口岸发展的大局中来。

2. 构建完善的集疏运网络

集疏运网络是物流行业的大动脉，是影响物流效率的关键因素，需要各级政府部门给予高度重视。水运建设层面要把皖江内河航道建设作为皖江航运建设工作的重点：合肥口岸要打造江河连通、干支互动的内河运输网络，为此要加快推进合裕线、沙颍河等航道的改造升级工程。充分发挥八大对外开放平台的优势，打造内陆开放新高地，为合肥口岸集聚更多的货源。芜湖口岸要继续推进芜申运河治理工程和维护水深的提高，力争12.5米水深航道由南京上延至芜湖，为未来泊位专业化和规模化奠定良好的水运基础。优化在集装箱运输方面的优势，在口岸附近合理筹建开发区、综合物流园区和出口加工区，为芜湖港集装箱和散

货的运输提供良好的集散、加工、仓储等服务。马鞍山、铜陵、安庆、池州口岸对其辖区内姑溪河、顺安河和秋浦河等航道进行有规划的治理，提高通航水平，满足集疏运需求。其他交通运输方面，除了要继续推进公路、铁路和航空的交通运输建设，构建立体交通网络，还需要重点关注口岸港区与各种运输方式之间的通达性以及各种运输方式之间的衔接性问题。以芜湖口岸为例，在朱家桥港区建设过程中，要考虑到港区与芜宣高速、芜马高速等芜湖主要对外通道对外通达是否有序高效。临港的公路、铁路、航空需要在其周围建设疏港通道，促使港区货物得以高效集散。在多式联运方式下，要做到规划、管理和信息的充分沟通和交流，最大限度地减少由更换运输方式所带来的各种不便和损失，从而形成有序、便利、高效的集疏运网络。

3. 丰富基础设施建设融资方式

口岸基础设施的建设需要雄厚的资金支持，当前皖江口岸的建设资金主要来源于政府财政支持，渠道单一，力量薄弱，工程建设推进缓慢。皖江口岸可以采取政府和社会资本相合作的模式（PPP 模式）来拓宽资金来源渠道，以获得更为灵活更为长久的资金支持。政府方面可通过争取更多国家项目以获得资金支持；进一步细化落实各级政府在口岸建设中的责任，杜绝“搭便车”行为；将航道与沿线船闸、港口、物流园区等具有一定经营效益的基础设施实行统一捆绑开发建设等措施，提高国家对皖江口岸发展的关注和支持力度，增强各级政府和口岸企业对口岸建设的责任感和积极性。社会资本方面，可以参照当前我国公路资金筹集模式：除政府无偿资助外加入社会资本，对深吃水船舶在建成的深水航道上航行征收一定的通行费，吸引社会资本的加入。通过设立政策性的担保公司或者鼓励民营担保公司为其短期贷款提供信贷担保，建立 P2P 融资平台，创新融资产品不断增强吸收社会资本能力，从而为皖江口岸基础设施建设创造更多的资金来源。

三、口岸企业层面的建议

（一）深化口岸间的合作，拓展横向协同

口岸之间的无序竞争往往会引起效率低下、服务和货源同质化严重、企业利益消耗、整体实力羸弱等问题。因此为避免此问题的继续恶化，实现皖江口岸群协同发展，有必要深化口岸间的合作与交流。皖江口岸的协同发展可以从内合和外联两个方面同时进行。内合方面，可以借鉴我国北部湾口岸群的经验，由政府牵头支持，皖江各口岸企业主导，将对皖江各口岸的国有资产和港口经营权进行整合，在芜湖口岸经营和资本运作方式的基础上成立新的统一的口岸公司。该口岸公司通过一体化地协调运作，将合肥口岸作为第一层次打造成未来淮河和皖江两河流域的综合物流运输中心；芜湖和马鞍山，发展成为安徽省和长江流域集装箱运输重点口岸，钢铁、矿石等散货的集散中心，努力成为安徽省外贸枢纽口岸；池州、安庆和铜陵口岸，积极配合合肥、芜湖和马鞍山口岸，担任补给口岸或支线口岸的责任。各口岸定位明确、资源优化，优势互补，提高皖江口岸在货源和腹地方面的拓展能力，从而提升在安徽省内乃至整个长江流域的影响力。外联方面，由于长江流域口岸众多，经营主体广泛，口岸实力参差不齐，皖江口岸与重庆、南京和上海等口岸相比，弱势地位明显，盲目地进行产权方面的融合可能会造成大口岸形成垄断，小口岸资源被抢占，竞争力弱化甚至是退出市场竞争的局面。因此，建议皖江口岸从资本和业务的角度展开合作，连接上海、宁波和舟山等重点海运枢纽港，加强与日韩、新澳、美洲以及欧洲的联系，实现将口岸之间的协同由皖江流域延伸至世界范围。

（二）深化纵向协同，拓深口岸物流供应链

皖江口岸进出口物流的协同，不仅需要口岸之间的合作，还要求不断拓深口岸供应链之间的协同，由此才能成为密切联系、合作联动、相互协调、同舟共济的完整利益共同体。正如前文所述，我们建议皖江口岸的纵向物流协同可以从港航联盟、多式联运、港城互动和服务联动四个方面着手来拓深口岸物流供应链。

1. 港航联盟方面

皖江各口岸与航运企业通过合资共同建设码头、契约合同租赁码头、间接投资、允许航运企业参与口岸物流供应链业务等方式进行联盟。各口岸可以根据自身实际状况和发展需要，进行自主合理选择联盟方式，实现港航联盟。在选择联盟的航运公司方面，尽量选择国际知名的大型航运公司进行联盟，如马士基、达飞海运和中远集团等，与这些航运公司的合作可以为口岸带来丰富的货源，更及时准确地了解货主需求，优化供应链管理，有利于借助其品牌影响力来扩大皖江口岸在国际口岸中的知名度。

2. 多式联运方面

目前集装箱作为多式联运的主要载体，而芜湖和合肥口岸将会是未来皖江口岸重要的集装箱货源集聚地。鉴于此可以以芜湖和合肥口岸为中心，公、铁、水运为主，空运为辅的多式联运网络，为货物提供高效及时的运输、分拨、拼装、仓储等服务。皖江口岸企业在开展合作的过程中，一方面可以通过共同出资公私合营的方式加强与境内上海和南京铁路分局、安徽省公路局合作，鼓励口岸企业在境外的俄罗斯、巴基斯坦等“一带一路”沿线国家建立分拨中心、物流基地等海外集结点。双方的合作层次可以从简单松散的项目共建、典型示范逐渐深入到以资

本、技术作为桥梁的更加紧密全面合作。合作的持续推进不仅利于物流链条延伸至各口岸，实现多式联运各环节的畅通，还可以提升皖江口岸的国际知名度和影响力。另一方面，需要优化统一通关服务，实现物流全程通关的便利化和高效化。对此，多式联运企业在加快电子数码技术的开发和应用，实现电子标签码的互通互认的技术，争取合肥、阜阳、蚌埠等交通要道在时刻、定价、定线和运输标准上的固定和统一基础上实行和推广一次托运、一次收费、一单到底的“一单制”通关制度，满足皖江口岸对于物流通达度的要求。

3. 港城互动方面

一是要建立临港产业，充分利用皖江示范区所产生的积极效应，与“一轴两核双翼”的产业布局相协调，在口岸设立具有专门性和针对性的码头泊位，引进高技术高质量高附加值的产业和城市重点发展项目，在此基础上对产业园区进行合理规划，形成以综合物流园区、加工园区、大宗商品交易市场和商贸信息为主，教育培训、餐饮休闲为辅产业集群，重点突出园区的规模化和特色化，避免盲目投资建设，最大限度地提升口岸资源的使用效率。二是加强口岸城市所在的已经建成的大型经济开发区的联系。鉴于皖江口岸目前各方面的发展水平不高，其完善仍需要一定的时间周期，因此目前可以通过与各口岸腹地城市已经发展较为成熟的经济开发区的合作，加强口岸与开发区所在货主企业的联系，从而为口岸提供更为丰富和稳定的货源，提升口岸的经济效率。

4. 服务联动方面

皖江口岸可以通过资产合作、服务外包等形式加强与上游服务供应商和下游船公司的合作，为服务供应链提供信息共享和沟通的平台，形成完善的物流服务网络。由此可以为皖江口岸搭建稳定长久的合作伙伴，提升口岸物流服务的增值水平，实现口岸服务的协调发展和高效联动。

（三）提高服务品质，树立品牌形象

口岸物流作为服务型行业，提供物流所需的一切服务是其主要产品，其完成质量的好坏是影响口岸企业经营成果的重要因素，是衡量一个口岸或区域口岸群竞争实力的核心标准。皖江口岸需要做到以下两点：一是要加强对物流服务人员的培训，增强物流服务意识，规范物流服务流程，提升物流服务质量，提高客户满意度，赢得客户的认同和信任，从而为皖江口岸树立良好的品牌形象。二是拓展服务范围。目前，皖江口岸还处在功能较为单一的阶段，所提供的服务主要包括装供装卸、仓储、运输等类。企业所能够获得的附加值低，利润少，口岸发展缓慢。建议皖江各口岸从自身的核心主导业务出发，根据实际情况进行服务范围的不断拓展。以芜湖、马鞍山、安庆三口岸为例，目前芜湖口岸的集装箱业务发展态势迅猛，可以在集装箱运输的基础上提供商贸金融、信息跟踪、集装箱保养与管理等服务。马鞍山口岸的货物则主要以钢铁和矿石为主，可以在此基础上提供加工、商贸、信息等服务。石油是安庆口岸运输的主要货物，由此可以提供配送、保管和实时追踪等服务。总之，各口岸根据自身实际发展状况，不断拓展服务的深度和宽度，错位发展，相互配合，形成一个有机的服务整体，力争做到服务质量高，服务范围广，服务效率快，共同努力，将其打造成为在全国乃至全世界具有品牌影响力的综合类国际化口岸群。

（四）共同推进标准化建设，提高信息技术水平

正如我们所知道的，口岸进出口物流具有涉及面广，环节多，事务繁杂等特点。一旦口岸进出口物流实现协同，那么以上的特点相比较之前就会更加明显。如果皖江口岸物流之间没有一个统一的规章制度、作业流程、数据统计标准，那么各口岸和各供应链之间将会出现各行其

是、沟通不畅等问题，口岸之间的协同也将会貌合神离，分崩离析。因此，皖江口岸需要尽快在基础、应用、技术和服务等多方面构建标准化体系。在标准化体系构建过程中，重点和难点是努力提高信息技术水平，实现信息的标准化建设。这一方面就需要皖江口岸加大信息技术的投入力度，向具有先进信息技术的口岸靠拢，消除差异，采用统一的通关平台，电子商务平台，数据交换平台并实时同步至已建成公共信息平台。另一方面，需要尽快建立统一的皖江口岸信息系统接口标准，将各方联系起来，形成一个统一有序的有机体。

（五）加快培养口岸物流人才

人才是口岸持续发展的不竭动力源泉，口岸的管理服务、技术支持、具体操作都离不开人才的贡献。因此，皖江口岸当务之急是需要建立一套完备人才储备和培养计划，特别是技术和管理类的高级人才队伍。一是可以通过提供补贴、股权分红和完善的生活配套等激励措施吸引专业扎实、品德高尚的优秀人才，特别是来自皖江口岸本地或者是周边地区的人才，为口岸物流培养常驻稳定的后备人才；二是可以邀请海内外知名的口岸物流专家定期或不定期对皖江口岸在管理和技术等方面的重大问题提出意见和建议；以讨论会或讲座的形式，鼓励内部人员与专家进行深入的沟通交流，汲取丰富经验；三是通过校企合作的方式，企业为学生的学习和实践提供帮助，学校则根据市场和企业的需求进行人才输送和员工培训，实行高校和企业人才的“双向挂职”，做到理论知识和社会实践的有机统一，有利于提升企业员工的知识素养和高校培养应用型人才的能力；四是皖江口岸中员工主动走出去，到国内外先进口岸进行考察、交流，将学到的先进管理理念、技术、发展模式、组织规划，因地制宜地运用到皖江口岸的建设中来。

四、皖江口岸进出口物流整体战略及沿江口岸配套联动的对策建议

（一）基于口岸进出口物流 SWOT 分析的战略选择

基于第五章皖江进出口物流发展的具体现状分析，在战略上，我们必须进行分类解读，找到可以促进本地区进出口乃至于整个物流业发展的着眼点。

表 9－1 基于口岸进出口物流 SWOT 分析的战略选择

外部 内部	O：机会 1. 经济全球化带来的资本； 2. 现代物流的发展	T：威胁 1. 来自周边港口的竞争压力； 2. 发展空间有限
S：优势 1. 广阔的经济腹地； 2. 便利的交通条件； 3. 优越的自然条件； 4. 国家区域发展战略	SO 战略： 1. 利用外贸发展时机，加快港口物流建设； 2. 政府扶持战略：加大投入、政策引导等	ST 战略： 1. 利用区位优势，调控货源； 2. 市场开发战略：发展特色港港口物流；发展腹地经济，以腹地作为发展的坚强后盾
W：劣势 1. 基础设施薄弱、资源紧缺； 2. 缺少专业物流人才； 3. 软实力有待提高； 4. 缺乏资源的统筹规划	WO 战略： 1. 加大港口间的联系、发展口岸进出口物流联盟； 2. 转换经营管理模式； 3. 调整港口产业模式； 4. “科教兴港”战略：港口科技开发；人才战略	WT 战略： 1. 整合港口资源、发展口岸进出口物流联盟，取长补短，抱团发展，形成港口规模经济，最大限度发挥整体效益，应对挑战； 2. 优质服务战略； 3. 价格战略

（二）马鞍山口岸的对策

马鞍山市政府要简政放权，适当引领并降低相关的通关成本。科学制定口岸建设规划，以联动一体化、前瞻性为目标做好口岸基础设施及相关配套设施建设，形成口岸内部码头、铁路、航空港相配套的布局合理的立体运输配送网络。继续促进外向型经济的发展，给予口岸进出口物流活动相应的奖励政策。进一步促进临港工业经济发展，拓展仓储、配送等业务，大力发展配套服务业，努力解决进出口物流中繁琐通关的问题。

进一步优化岸线资源，提升相关资源配置效率。目前为迎接现代物流配送方式的革新，从事进出口物流的船舶大型化趋势日趋明显，这就对口岸的停泊能力、装卸效率等一系列与口岸进出口物流相关的活动都提出了更高的优质化服务需求。马鞍山口岸必须适时而变，要科学利用本地宝贵的岸线资源，建立起与现代运输业发展相适应的口岸建设体系。马鞍山口岸要对口岸岸线资源进行有效的配置与利用，防止形成对岸线资源的无效利用与浪费，应加深执法力度，对口岸内部不合规的码头进行取缔、整改，同时也要加大投资，对老式浮式码头进行升级改造，采用新式的直立式码头。此外相关部门应严格口岸审批制度，提升准入门槛，严格控制市场准入。

加强横纵向联合，积极融入口岸进出口物流供应链管理。在现代供应链管理时代，马鞍山口岸可以通过政企合作、共同经营等合作方式吸引大中型船舶公司布局设点，参与马鞍山口岸的发展建设；马鞍山口岸还需加强与内部周边铁、公路运输企业的合作，拓展运输方式，大力发展多式联运，满足客户异质化的进出口物流需求。加强与进出口物流公司的联系，进一步提升“小批量、多样化、门到门”的口岸进出口物流服务能力，也同时加快口岸内部的郑蒲港物流分区建设，进一步完善口岸分区现代物流功能。尽早完善自身的建设，以做好与皖江口岸进出口物流中心——合肥口岸的联系与对接，实现共享信息战略，促进口岸间政府与企业的合作，推进皖江口岸联动一体化建设。

（三）芜湖口岸的对策

1. 不断提高进出口物流运输服务质量

芜湖市要积极加强与国内外港航界的合作与合资，多渠道、多领域、多样化地与诸多物流龙头企业的合作，以各种不同的形式吸引他们的资金、技术及先进的管理经验，并学习他们先进的技术、管理经验，不断地加强硬件和软件建设，不断地提升物流企业的核心竞争力。同时芜湖港还要加强进出口物流运输服务的意识，进一步改善思想观念，正确把握物流运输服务的本质，拓展进出口物流服务的范围，将从其他港口学习到的进出口物流运输服务技能运用到实际管理中，不断增强进出口物流运输服务质量。

2. 优化物流体系，促进芜湖港口进出口物流向着多元化方向发展

在港口进出口物流的发展过程中，需要不断优化物流体系，建立陆路与海上联合运输的模式，减少港口相关的物流运输成本，并运用不同种类的运营方式促进区域多式联运一体化物流服务，加强芜湖各个港口之间的公路物流配送服务，实现公路和海运的无缝对接以及一条龙全程物流服务体系，共同推进芜湖港进出口物流的发展。在芜湖市建立多个布局合理、配套完整、服务水平高的区域性物流园区，并不断地完善芜湖港口进出口物流所辐射到的区域的大物流体系，形成效益高、成本低、功能全的物流服务网络体系，进而提高港口进出口运输运作的能力。

3. 加快港口岸线资源整改和泊位结构的调整

以《芜湖港总体规划》为依据，充分利用政治、法律、经济、行政等手段，淘汰一批环境污染比较严重、存在较大安全隐患、基础设施设备简陋、利用率低下、停靠吨级低下的码头；把 3000 吨级以下泊位由主干区域转移到港口的支流区域，可以将 3000 吨级泊位分布到漳河和黄浒河入江口的航段；开拓芜湖港岸线，把长江岸线向漳河和黄浒河支流扩展，充分拓展岸线可以利用的空间。严格限制企业在芜湖港口岸线内建立吞吐量在 300 万吨级以下的专用性码头，采取优惠政策鼓励企业开发建设多个公用性码头，并形成以公用码头为主、专用码头为辅的体系格局，以此来促进芜湖港对口岸资源的有效利用，加快芜湖港对码头泊位的结构进行调整，促进港口岸线的利用率，吸引周边地区将货物通过芜湖港运输出去。

4. 充分发挥政策效应，以优惠政策吸引合作伙伴

作为政府，要积极展开调查活动，加强对进出口物流港口的了解，并且部门与部门之间要加强交流与沟通，及时有效地出台一系列相关物流优惠政策。一是吸引国家五大电力企业将芜湖港的裕溪口区作为其电煤储备基地；二是吸引全球知名品牌以及相关的物流巨头企业，对芜湖港进行投资合作以及以其他多种方式与芜湖进行合作，参与到芜湖港口的改善与建设中；三是发挥总部经济效应，即积极争取将芜湖港各个具有资源优势的船东与货代企业集团的区域性总部入驻芜湖，在芜湖集群发展。同时，以此来吸引国内外著名的港航和物流企业来芜湖市入驻发展，促进芜湖现代化港口物流发展。

5. 发展现代化港口进出口物流产业

港口进出口物流的快速发展，能够有效地带动临近港口发展，促进工业不断发展，并且能够将影响力辐射到周边的地区。芜湖港要不断推

进港口现代化和信息化的建设水平，不断地规范物流行业的管理与标准，还要不断加强与国内外港口在物流管理经验、物流运输技术、人才队伍培训等方面的合作，不断提高芜湖区域港口的整体物流发展水平。同时还要有效地利用芜湖港口现有的优良口岸资源，并对其不断地改进完善，尽最大的可能开创出与周边地区及邻近国家的港口集装箱运输新航线，不断发展现代化集装箱联合运输的业务，不断地加强与其他先进港口的物流往来。

6. 着重培养港口进出口物流专业型人才

现代港口进出口物流管理是一门开创性的新兴学科，其正向专业化、信息化、技术化、现代化的目标发展，掌握并运用现代进出口物流管理的技术型人才才是促进港口物流业发展壮大的关键所在。现代进出口物流经营管理人才除需要具有一些扎实的基础专业理论知识以外，还要掌握电子信息物流经营管理技术、现代经济贸易、运输与物流理论及其技能、电子商务平台、仓储运输技术等，并把这些结合理论知识，运用到实际港口物流操作中来。同时政府要大力地引进进出口物流专业人才，鼓励更多学校开设现代进出口物流管理相关专业，并加强对相关专业人才的教育培养。

7. 建立芜湖港、马鞍山港和铜陵港进出口物流联动发展的利益共同体

芜湖港、马鞍山港、铜陵港都沿江分布，存在一定的地理优势，芜湖港可以借助地理优势，沿江将进出口物流产业的联动横跨马鞍山市和铜陵市，因此，芜湖市、马鞍山和铜陵市应充分发挥市场配置资源的基础性作用，发挥各自的比较优势，取长补短，形成芜湖港、马鞍山港和铜陵港进出口物流产业联动发展的利益共同体，并以资产为纽带、以港口为物流节点、以集装箱运输为重点，共同建设以长江为中心的进出口物流体系，形成高效率、便捷化、规模化的进出口物流经济带。

8. 利用芜湖港对外贸易业务量以及吞吐量，发展进出口物流产业

芜湖港是长江煤炭能源输出第一大港，也是安徽省最大的港口，芜湖港现在已经与世界上许多国家和地区建立了业务往来关系，同时2015年芜湖港完成货物吞吐量1.2亿吨。面对芜湖港如此规模的对外贸易业务量以及吞吐量，芜湖港进出口物流的发展前景无限。因此，芜湖港进出口物流产业应充分利用这个优势，把握机遇、加强体制改革、提高自身的科学发展，紧紧依靠对外贸易所带来的强大进出口物流资源，让芜湖港的进出口物流产业得到稳定的发展，提高芜湖港进出口物流产业水平。

（四）铜陵口岸的对策

具备现代经营思维，注重市场需求，不断提升铜陵口岸进出口物流服务水平。铜陵口岸作为长江航线上的重点口岸，也是皖江口岸联动一体化发展的重要节点，急需整合自身的优势资源，打造服务出色的口岸。大力探求口岸的多种运营方法，铜陵口岸应进一步深化对外开放，和皖江其他口岸进行联动，吸取皖江其他口岸的优点，建立起高度专业化的口岸进出口物流服务体系，满足不同企业需要的同时，提升货物物品的进出口清关效率。梳理并整理好口岸内部各区的优势与核心业务，由提供单一装卸清关服务发展成为集码头装卸、多式联运、仓储保管以及进出口物流金融等多元功能的口岸。

铜陵口岸应加快自身的基础设施建设，做好与皖江其他口岸联动一体化的准备，从而推进铜陵市的可持续发展。作为皖江口岸进出口物流一体化联动机制上的重要节点，铜陵口岸在实现皖江口岸内部货物互通的同时，应从自身实际出发，推进口岸集装箱装卸专用码头建设。加强综合性深水港口岸分区发展，提高大型船舶的通航能力。铜陵口岸还应

积极主动地融入皖江口岸一体化联动之中，促进口岸内部各码头和物流园区和谐统一，努力将临港口岸物流园区建设成本地最大的集装箱、散杂货装卸疏运平台，这也是未来皖江口岸进出口物流的重要节点区域之一。铜陵口岸要提升进出口物流专业化治理水平并将口岸周边资源、周边产业进行整体规划，形成以基础设施建设为先导，以现代口岸进出口物流业发展为目标的新局面，要着力提升铜陵口岸在皖江口岸中的地位，为进一步推进皖江口岸联动一体化乃至整个皖江区域经济发展贡献自己应有的力量。

（五）池州口岸的对策

池州口岸制定相关对策时，应考虑完善口岸的各项基础设施建设，大力发展相关配套临港产业、航运服务业等相关产业，立足池州市的旅游资源，开拓旅游专线，将池州打造成皖江口岸中亮丽的“旅游口岸”，从而推进本地经济快速增长。

适时地做大做强口岸内部的公用码头，集中集约化地利用池州口岸临长江岸线，以高标准、严要求建设池州港口岸公用码头，构建并主动对接到皖江口岸进出口物流公共信息平台，降低通过池州港货物的物流通关成本，让过口岸货物“经济通关”。抓住安徽省积极发展皖江口岸进出口物流一体化联动建设的机遇期，尽早启动三期码头和口岸物流中心工程，以江口口岸区为主，梅龙、东流、前江、童埠 4 个口岸区为辅，打造“一主四辅”港区。还要积极引进关于口岸进出口物流方面的人才，口岸内的工作人员也应主动求变，不断革新固有的思维方式，做好人才培养与储备工作，更好地服务于皖江口岸进出口物流一体化联动。

（六）安庆口岸的对策

加快安庆口岸的发展。口岸经济是安庆市的一大亮点所在，安庆口岸沿线建深水港口岸条件优越，作为皖江口岸中的进出口物流节点口岸之一，安庆口岸要完善内部基础设施。同时安庆市政府要大力宣传、运用媒体来提升安庆口岸的对外知名度，发挥安庆口岸优势以促进安庆经济的蓬勃发展。

完善安庆口岸发展计划。按照“高标准、前瞻性”的原则，来构建《安庆口岸整体规划》。结合安庆市的经济社会发展现状，对口岸进出口物流以及配套的相关产业产生的新需求进行考量，并编制完善口岸的详细规划，保持适度超前的预测，进行科学精算，以求为安庆口岸的发展做好规划。认真做好港口定位、岸线利用、临港工业区规划的论证，口岸应摒弃不切实际的目标，有前瞻性地提出更切合实际、有发展空间和潜力的规划，为口岸的今后建设发展提供重要的科学保障。围绕口岸谋划发展，以皖江口岸进出口物流一体化联动为主题，发挥安庆口岸带动安庆经济最大化增长的功能。完成与皖江其他口岸关于进出口物流方面的对接，严格控制口岸沿线资源，对岸线资源进行严格岸线审批。按照“深水深用，浅水浅用”的原则利用好口岸沿线资源，并建立本口岸进出口物流的信息系统进而对接到建设中的皖江口岸进出口物流信息化系统。同时避免口岸内部分区域的低层次重复建设和恶性竞争，鼓励、保护有序竞争，各口岸分区要形成合力，提高深水岸线资源的利用效率，使得安庆港口岸岸线资源得到最大化利用。

五、皖江口岸进出口物流中心及合肥口岸建设的对策研究

（一）皖江口岸进出口物流中心建设原则

建设皖江口岸进出口物流中心原则应紧紧围绕带动皖江地区其他各

口岸整体协同联动为方向，促进口岸间的经济与产业之间配套为措施，逐步实现皖江口岸对外开放一体化的战略方针要求。必须以整体口岸状况为抓手，分层次的展开皖江口岸联动一体化。依据皖江口岸进出口物流联动发展现状及其未来发展规划方略，皖江口岸进出口物流中心建设应依照以下原则：

1. 统筹规划原则

口岸进出口物流的运量大小、口岸进出口物流中心对周边口岸经济带动作用，口岸进出口物流中心设施的规模和数量等都应该进行科学规划，以免造成资金浪费，出现不当配置现象。根据安徽省“十三五”国民经济发展规划和物流业发展规划的具体要求，要制定口岸进出口物流中心科学发展的相关战略，以科学的方法预测口岸进出口物流运量，用以配合构建皖江口岸进出口物流中心。

2. 选址合理原则

其选址的方位要合理，要符合皖江口岸群的特点选址。既能拉动临近口岸进出口物流的需求，又能实现与皖江其他口岸进行进出口物流活动互补；以分享皖江口岸整体进出口物流为目标，共建皖江口岸进出口物流的新局面。这不仅加强了皖江各口岸的蓬勃发展，而且提升了皖江口岸物流中心的竞争力。

3. 信息化原则

这是皖江口岸物流中心建设发展的重点内容。信息化可以促进皖江口岸信息系统的建立。该系统的建立可以让皖江各口岸之间交流畅通、减少交易成本，以口岸进出口物流中心的系统为主系统，各口岸接入该系统形成合理有序的布局。“大数据”依托于该系统在口岸间传递，进一步提升皖江口岸的工作效率，为推动皖江口岸进出口物流联动提供信息化支撑。

4. 前瞻持续性原则

当今时代发展日新月异，造成口岸进出口物流形态正在不断发生变化，所以要兼顾长远，以大数据为依托合理设计未来皖江口岸进出口物流的有效需求。以此为基础，建设皖江口岸进出口物流中心更加需要持续性的支撑，建设过程中要符合国家签订的《巴黎协定》等一系列国际公约和国际惯例，构筑一个节能减排，具有环保意识的口岸进出口物流中心。

（二）皖江口岸进出口物流中心建设的战略定位

皖江口岸进出口物流中心的建设应定位于较高的战略需求，随着异质化需求的旺盛，人们需要符合自身特点的东西，异质化需要可以影响皖江口岸甚至整个皖江地区的发展。皖江口岸进出口物流中心应该结合不同的需求来创设更多的需要。皖江口岸物流中心建设的战略定位如下：

1. 构建口岸进出口物流节点和枢纽中心

随着口岸进出口物流基础设施和体系的逐渐完善，皖江地区的物流产业将逐渐衍生新的产业形态，不断优化自身。这些给皖江口岸进出口物流的发展提供了强劲的支撑力，各口岸地政府之间应加强协同配合，高度重视口岸进出口物流在皖江地区的发展，构筑皖江口岸整体的规划，需要各口岸所在地政府的政策和相关措施的支持。加强皖江口岸群整体协同，必须有一个主体口岸作为“先导”发挥带动作用，其他口岸作为“辅助”，层次鲜明的发展逻辑会使得皖江各口岸间分工明确、避免口岸之间出现同质化竞争，最大化地释放皖江口岸群在进出口物流中应有的作用。现在我国东部地区产业内迁，皖江地区必将接受更多制造业产业，相关货物所产生的进出口物流需要，必须要有一个口岸进出口物流中心作为主体来对进出口物流进行通盘考虑，以满足相关产业的需要。

2. 服务辐射范围定位

皖江口岸进出口物流中心将定位并服务于对皖江各口岸进出口物流的协调与整合。该中心以资源多、信息广的优势为基础，辐射带动其他口岸的业务开展。建设这个中心从而带动相关工业区、开发区经济的发展。要扩大对口岸进出口物流中心的财政投入，把皖江口岸进出口物流中心打造成安徽省对接国家“一带一路”倡议和“长江经济带”战略的枢纽。利用皖江口岸毗邻长三角的区位，借鉴长三角地区大型口岸建设的宝贵经验，进行实地考察、分批试点来运行和打磨皖江进出口物流中心的建设，为皖江地区的进出口物流发展打下坚实基础。

（三）皖江口岸进出口物流中心建设对策

1. 皖江口岸进出口物流中心的功能

皖江口岸物流的发展定位应以合肥口岸为中心并以中转物流为重点，加强合肥市为中心的、覆盖周边地区市、辐射周边省份地区的大口岸进出口物流枢纽功能和大物流体系的建设。同时合肥口岸进出口物流中心作为承接国内外贸易的节点，应具备下述功能：

（1）口岸进出口物流货物装卸搬运功能。此外，还要提供包装、理货等加工贸易服务——提升货物的物流效率。对口岸物流中心货物进行分拨配送功能，货运代理运输以及口岸转口半制成品贸易加工，产品仓储配送功用。口岸进出口物流中心应该灵活处理各个环节的信息流，处理口岸之间的应急信息、实现皖江口岸之间的动态联系，通过新技术来提升皖江口岸物流中心的运作效率。

（2）口岸进出口物流的监督与检验功能。口岸进出口物流中心能提供报关、报验、查验等服务于一体，同时可实现对商品进行动态监督追踪服务。口岸物流中心在相关监督管理部门授权下，帮助从事进出口货物的企业取得符合标准的相关证件并完成进出口物流的全过程，可给相关企业节约很多成本。为了提升行政工作效率，响应国家“简政放权”政策，应减少许多不必要的报关手续和审批程序，以最简便的方法帮助企业进行物流通关。

（3）口岸进出口物流中心可以直接参与到货物进出口物流的全过程。口岸进出口物流中心必须拥有进出口收付汇结算功能，可以和口岸内部的银行进行合作，开设专门的金融窗口，以便利企业的进出口融资需要。口岸中心需给予政策扶持，帮助企业与客户快速结算相关物流成本费用，可以向他们提供相关金融服务功能，这样就便利了进出口物流中的多方金融结算的需求。口岸进出口物流中心具备的金融、通讯功能可以向货主和收货人及其相关企业提供银行、保险等金融性服务以及邮政等通讯服务。其他如综合修理、维护设备功能、办公功能、商贸功能、饮食住宿娱乐等功能，也必须统筹兼顾。

2. 皖江口岸进出口物流中心合肥港口岸的运营建设模式

口岸进出口物流中心运营建设模式一般有三种类型，即企业建设型、政府建设型、政府与企业共建型。参照当前皖江口岸的发展现状，再依据于安徽省经济发展条件，综合多方面的信息，皖江口岸进出口物流中心应该采用政府与企业共建模式。如今的中国大地上，混合所有制经济的改革大潮正在如火如荼地进行之中，皖江口岸进出口物流中心应该依托于皖江整体口岸的概况分析和各口岸经济条件的状况，基于综合考量，应该采用总览分设模式。皖江口岸进出口物流中心总揽整体，而各口岸应该各司其职，在做好口岸群联动一体化的基础上，做大做强本地口岸的特色产业优势。真正做到位置上是分离并进，但在作业中两者紧密相连。

3. 皖江口岸进出口物流中心及合肥口岸建设的对策

（1）完善口岸进出口物流中心的基础设施建设

合肥口岸基础设施布局合理、功能齐全，皖江口岸进出口物流中心建设速度正不断加快。要完善合肥口岸内部组织结构，相关物流机构要快速入驻，各口岸也应派相关单位进驻其中，为完成皖江口岸进出口物流联动发展做好准备工作。充分利用信息化的优势，对进出口岸中心的密集流量进行动态检测与分析，并结合大数据模型充分预留空间以便更优质化地开展进出口物流服务，提升口岸中心的形象。尽快形成布局合理、指挥有序的口岸进出口物流中心，帮助构筑皖江口岸与皖江地区一体化建设。加强口岸内部航空港与水运码头和铁路口岸连接的交通建设，可以通过建设航空港、码头、铁路口岸的专用线来增强皖江各口岸与皖江口岸进出口物流中心的联动性。完善皖江口岸进出口物流配套设施的相关硬件的完善和改造，提升口岸进出口物流中心的大通关能力。同时发力加快口岸进出口物流中心的电子信息化建设，实现口岸进出口物流中心全部通关网络信息化，做到实时追踪、有单可查，推进联合边检与海关、检验检疫等部门的口岸进出口物流服务网络的构建，并逐步并入电子信息一体化的大循环系统之中，提升口岸进出口物流中心的能力，进而辐射到整个皖江口岸进出口物流的服务范围。

加快口岸内部航空、码头、铁路进出口物流相关工业产业的发展，充分发挥口岸进出口物流中心的枢纽优势，指挥并协调好与皖江其他口岸的联动发展。以口岸中心内部物流贸易保税综合区为核心，以合肥新桥国际机场和中欧班列等铁路货运作业区为重点，形成物流外贸交易区和口岸内部航空、码头、铁路进出口物流产业区多点连线式的发展。物流贸易区可通过与合肥新桥国际机场、巢湖码头等作业区和交通点的协调配合，寻求与优质货代的联合，让其发挥货运组织能力，让业务开展更加顺畅。在加快货物物流速度的同时也充分发挥物流外贸交易区的作用。充分发挥合肥航空港、铁路货运作业区的地区辐射效应，对合肥市内的经济开发区、高新技术区等优势产业园区进行整合，将它打造成为皖江口岸进出口物流中心产业群的核心。口岸进出口物流中心的建设需要以公路、铁路、水路、航空等多种运输方式形成的多元立体化的交通网络。以此为基础激发了皖江口岸进出口物流中心——合肥港口岸带动周边口岸进出口物流的飞速发展，各皖江口岸会在和合肥港口岸的辐射带动下日益向好。

完备的进出口物流通关措施体系建设加固了合肥口岸带动周边发展的能力。随着合肥口岸内部进出口物流系统的完善，相关信息传导畅通、迅捷便利化的发展将皖江其他口岸吸附在合肥口岸之上。可以为皖江口岸内部所有进出口物流企业提供相应的物流配套服务，通过信息化平台报关发单，动态监测体系完善，可满足任一口岸企业的进出口物流需要。同时也满足了企业的差异化需求，为通关企业提供了便利，节约了企业的时间与运营成本。这些举措也带动皖江其他口岸纷纷效仿，也可吸引内部企业积极参与本地进出口物流活动，提高了皖江口岸进出口物流中心——合肥口岸的辐射效应。目前合肥口岸已具备了多种物流运送模式，实现了水、陆、空立体化、全方位、全覆盖的口岸进出口物流通关疏运网状脉络。以多式联运为基础的外贸进出口物流可进一步促进口岸内部的水陆空立体化建设，在发展的过程中不断找出自身的不足，不断全方位完善并流畅皖江口岸进出口物流体系。

（2）形成进出口物流高素质人才的培养机制

当前在合肥口岸从事进出口物流工作的人数较多，但专业化程度较低。从事进出口物流方面高素质人才少，这突出了口岸进出口物流中心建设过程的人才短板劣势。口岸进出口物流需要多方面机构的协同配合工作，那一个机构出现问题都会影响工作的开展。所以构建高素质人才的培养机制就显得很重要，以实践与理论的结合为目的，可以培养一些专业化的人才。开展与相关高等院校的合作，开设物流专业化课程，让一些优秀的学生进入人才培养机制中，实现产学研运作一体化，为口岸进出口物流中心建设提供相应的人才培养基础。物流企业内部也应采取措施来营造较好的物流人才培养体系，实施有力薪酬回报机制，加大对高素质人才的吸纳。

（3）政府加大对口岸进出口物流发展的政策扶持

口岸作为对安徽省发展外贸过程中不可缺少的一个环节，它在外向型经济发展中的作用是举足轻重的，要充分利用国家提出的各种振兴我国外向型经济的举措以及安徽省给予口岸进出口物流的政策支持，把推进皖江口岸物流中心建设作为安徽省下一轮拓展对外开放的重点，争取省政府将皖江口岸进出口物流中心建设优先列入皖江口岸进出口物流发展规划。安徽省政府应设置专门机构分析皖江口岸进出口物流中心建设过程中和推进皖江口岸联动一体化中遇到的难点，并及时有针对性地解决发展中的问题。构建问题回流答复机制，快速公示一些难题的解决方案，不断优化皖江口岸进出口物流中心建设。由于皖江口岸进出口物流中心建设的复杂性，在开展建设的过程中，海关、检验检疫、金融保险等多个部门机构需协调与配合，所以政府要协调相关部门以推进口岸进出口物流中心的建设并积极制定配套的皖江口岸进出口法规方案和协同措施，更高效地平衡口岸内部各部门之间的利益，使得各个口岸的发展效应得到最大化地释放。

（4）采用政府与企业进行物流合作管理机制

皖江口岸进出口物流中心建成落实会给皖江地区带来实质性的增长，外向经济发展会持续向好，进而使安徽省经济更上一层楼。主动吸纳企业投资于口岸中心建设可加强政企合作，完善并发展皖江口岸进出口物流中心的功能。皖江口岸进出口物流中心通过政企联营模式，可在一定程度上缓解中心建设资金的不足，有针对性地建设符合企业需要的皖江口岸进出口物流中心基础设施。因此政府部门在企业引入方面应严格审核企业资质，并派驻相关专门人员做出努力引入国内大型进出口物流企业进驻。不断地吸取这些知名企业的发展经验与管理模式，加大招商力度和口岸工作人员的培训，让企业集聚在此以促进中心知名度的提升。确保皖江口岸进出口物流中心的基础设施能够满足整个皖江口岸综合功能性需求，再加强与皖江其他口岸作业区信息平台与该服务平台的对接建设，以尽早完成皖江口岸大通关联动一体化。

结　论

皖江地区外向型经济发展的不断推进，促使皖江地区不断提升自身的贸易便利化水平，皖江口岸的联动发展也带动了皖江口岸群整体竞争力的上升，也为皖江地区对外开放层次提升奠定了基础。

本书以提升皖江口岸进出口物流整体竞争力为落脚点，在对六口岸综合环境进行对比研究和SWOT分析的过程中发现目前皖江口岸存在的最突出问题就是口岸与口岸之间、口岸与各供应链之间没有形成有效协同。对此，本书通过实证运用聚类分析法对皖江口岸六地区的层次布局进行划分，并在此基础上提出横向和纵向协同策略。在此基础上，就皖江口岸进出口物流协同发展从政府和口岸企业两个层面提出相应的对策建议。本书得出的主要结论如下：

第一，在对皖江六口岸进出口物流综合环境的对比分析中发现，总体上合肥、芜湖和马鞍山的发展现状和未来趋势相比较于其他三口岸均占据一定的优势。尽管如此，与皖江以外的口岸相比时，其优势明显弱化，劣势逐渐凸显。

第二，通过分析得出，目前皖江口岸进出口物流存在发展不平衡、基础设施不完善、岸线资源没有得到充分利用、产业基础薄弱、货物同质化严重等问题。通过认真分析和总结，我们发现皖江口岸的众多问题可以将其归纳为两个方面：一是口岸和腹地城市自然禀赋和后天建设的限制，二是口岸与口岸之间以及口岸与供应链之间没有做到有效协同，并且解决问题后者是关键。

第三，通过实证分析运用聚类分析法，得出皖江六口岸的层次布局：合肥口岸单独为一类；芜湖、马鞍山口岸分为第二类；第三类为池州、铜陵和安庆。在此基础上提出横向协同策略和纵向协同策略建议。横向协同策略为：合肥口岸为第一层次，作为未来淮河和皖江两河流域的综合物流运输中心；第二层次芜湖和马鞍山口岸，发展方向为沟通长江上中下游物流运输的枢纽；第三层次池州、安庆和铜陵发展方向为一二两层次的补给港，以实现错位协同发展的良好局面。纵向协同策略建议从港航联动、多式联运、港城联动、服务联动四个方面着手。

第四，从政府和口岸企业两个方面，对皖江口岸进出口物流协同提出了具有针对性和具体可行的建议，包括：建立协同联动的服务型政府；完善基础设施和集疏运网络；从横向和纵向两个视角实现进出口物流协同以及提高服务品质，拓宽服务链长度等方面。

总之，皖江进出口物流中心的辐射作用可带动临口岸城市及其腹地进出口物流和相关产业的发展，进而推进安徽省整体经济的增长。当前正值国家大力推进“一带一路”倡议和长江经济带发展战略，皖江各口岸均处于发展战略布局的范畴内，其基础设施尚不能满足未来口岸进出口物流量的需求。因此皖江地区口岸进出口物流中心建设存在必要性和紧迫性。我们要通过建设该物流中心来实现对口岸整体现状的整合与协同，可以形成皖江口岸群内部的“最大公约数”，最终给自身的发展带来持续的动力。而皖江口岸要突破各方面的局限和限制，就必须转变思想观念，加强与内外各级口岸之间的合作，拓展进出口物流供应链的长度和深度，在提升整体竞争力的基础上实现皖江区域竞争力的突破与可持续发展。

附录

案例：皖江芜湖港物流

——在链接“一带一路”中做特做大

仲夏时节的皖江物流芜湖港，翻空白鸟时时见，照水红蕖细细香，江风吹面不寒，两岸景色宜人。岸线达 800 米的国际集装箱码头，一派繁忙。5 台 35 吨级岸边集装箱起重机作业发出的轰鸣声不绝于耳，高大的龙门吊不停地将一个个集装箱吊装到货轮上。从这里出发，通过长江航道，这些货物将被运抵上海外高桥和洋山港，沿着“一带一路”流向世界各地。

6 月 12 日至 14 日，集团公司党委宣传部组织的特约通讯员异地采风组来到这里，探访“一带一路”为港口物流带来的发展新机遇，以及皖江基地建设取得的新成效。“实施‘一带一路’倡议，依托长江黄金水道打造中国经济新支撑带，是国家层面的重大战略决策，也是皖江物流公司发展面临的重大历史机遇。”面对这繁忙景象，皖江物流公司董事长、总经理张宝春在接受采访时颇为感慨。“2012 年，码头集装箱吞吐量为 25 万标箱，2014 年上升到 40 万标箱，去年就突破 60 万标箱，今年的目标是 70 万标箱，1 –5 月份完成吞吐量 27. 96 万标箱，与去年同比增长 19. 48% 。”张宝春说，“经过短短几年时间，芜湖港已经成为安徽省最大的外贸集装箱枢纽港和全球航运业所熟知的国际集装箱枢纽港。”

芜湖港国际集装箱码头上的繁忙景象。（尹昕 摄）

如何做特？

——坚持人无我有，人有我优，人优我新，提供智能、高效、便捷、亲和的港口服务。

3月31日，皖江物流公司与长久物流、上海临港物流合作启动芜湖汽车江海联运枢纽港项目，朱家桥汽车多式联运迎来第一艘汽车滚装船“长航江和”号，118辆商品汽车顺利上岸。

这是今年以来皖江物流公司做特港口物流取得的重大进展之一。

近年来，长江中下游港口竞争不断加剧，货源争夺日趋激烈，芜湖港务公司集装箱业务量面临着较大冲击。何以解忧？唯有做特。“就是坚持人无我有，人有我优，人优我新，为客户提供智能、高效、便捷、亲和的港口服务。”皖江物流公司党委书记张孟邻说。

利用国家启运港退税试点口岸政策，促进港口集装箱运输和外贸量持续增长。芜湖港是安徽省唯一享有国家启运港退税政策试点港口，根据国家启运港退税政策，国内货物只要确认发往芜湖港，即被视同出口并办理退税。2015年3月19日，由中外运长江公司所属的“佳兴18”号轮经芜湖港直航运输至上海洋山港的5票出口货物，通过海关通关管理系统签发出口退税证明联，标志着启运港退税政策在芜湖港正式实施。“这是实际意义上的‘境内关外’，虽然港口位于中国境内，但是却类似于单独关税区，进出区视为进出口。意味着芜湖港运抵洋山保税港区中转至境外的出口货物，一经离港，企业就可以在当地办理出口退税手续。”皖江物流公司党委副书记陈家喜介绍说，据测算，“启运退税”与之前洋山港区的“进港退税”相比，企业办理退税的时间可提前15至30天，大幅提高出口企业资金周转效率，节省了物流成本，提升了芜湖港的竞争力，吸引了更多周边外贸企业选择从芜湖港运输货物，合肥港从芜湖港中转集装箱量连年递增就是最好的例证。

依托进口粮食、肉类指定口岸功能，做好进口市场开拓工作。“我们在取得进口粮食、肉类指定口岸资质后，在口岸基本条件、功能区建设等方面进行了全面的布局和优化，加快发展国际贸易物流。”芜湖港务公司党委书记程梅生介绍说。

今年6月份以来，第一批进口肉类、粮食开始直接在芜湖港办理报关、征税、查验、放行等全部通关手续，进入安徽内陆地区。经测算，以芜湖为中心配送中西部地区，物流成本将比从天津、青岛、宁波口岸降低逾10%。从欧盟、澳洲、新西兰、美国、加拿大等10多个国家和地区进口安全优质的牛、羊、猪、鸡肉及副产品，比国内市场价格低30%以上。“口岸为外贸进出口加工企业节约大量物流成本，提升了芜湖港竞争力。下一步，我们将根据区域经济发展需要，陆续启动水果、生鲜等指定口岸建设。”程梅生说。

抓住政策机遇，发展汽车多式联运业务。去年9月，国家交通部等五部委联合印发《车辆运输车治理工作方案》，严禁小汽车物流“双排”货车进入高速公路。皖江物流公司抓住其中的商机，充分发挥区域辐射和自身港口优势，引进国内汽车物流行业龙头企业，启动了小汽车公铁水多式联运业务。“今年5月22日，铁水联运专用线完成了专用线改造工程，并通过了上海铁路局的竣工验收，正在衔接上海铁路局下发开通令，皖江物流计划于6月底前启动汽车物流项目的铁路到发试运行。”在皖江物流公司下属的铁水联运公司新建成的汽车装卸站台上，该公司董事长、总经理王杰兴奋地说，“届时，皖江物流汽车多式联运业务功能将真正实现，以芜湖为中心，辐射范围可达到1000公里，年吞吐能力将达100万辆以上。”

完善服务功能，提高港口作业效率和服务质量。为方便客户办理通关业务，皖江物流公司在码头外建起了占地3000平方米的联检大楼，海关、检验检疫、海事、边检等部门入驻其中，联合办公，把原本要在数天跑多个部门办理货物通关手续，节省到半天之内，为客户提供了方便快捷的“一站式”服务。“过去办理通关手续时，要跑好几个地方，一个部门一个部门地审批盖章，需要几天时间才能办齐，费时又费力。现在不同了，口岸各相关部门联合办公，快捷便利，几个小时就能轻松搞定。”一位正在办理业务的外地客商深有感触地说。与此同时，公司以打造智能港口为目标，港口装卸使用上海海渤系统，港口各区域建立了无线通讯系统，信息化、智能化水平大大提高，进出口货物周转效率明显提高，优质的服务赢得了众多客户的信任和好评。

皖江物流国际集装箱码头正在准备装载集装箱的货轮。

如何做大？

——围绕建设外贸枢纽港和百万标箱大港的目标，持续做大集装箱规模，巩固原有市场存量，进一步开拓增量，提高含金量。

3 月 31 日上午，淮南港水工码头正式开工建设；4 月 1 日，增加汽车到发作业功能的朱家桥铁路专用线站场线路改造工程正式开工。

这些项目都是皖江物流公司今年以来做大港口物流、巩固芜湖港区域枢纽大港地位实施的重大举措。

以建设外贸枢纽港和百万标箱大港为目标，以做大集装箱规模为重点，皖江物流公司千方百计开拓市场，内外兼修，多点发力。

积极推进芜湖港集装箱码头三期工程。“这是芜湖港打造百万标箱大港的关键性工程，目前正做好与综保区相关规划衔接，开展项目前期相关专项设计、报批工作，力争陆域地块建设年底具备开工条件。”程梅生介绍说，据悉，2009 年朱家桥外贸码头一期工程装备了 2 台集装箱起重机，2014 年实施的二期工程又加装了 3 台集装箱起重机。如今，码头有大型设备 100 多套，专用集装箱泊位 6 个，堆存能力达 2 万标箱。每月开通内支线和挂靠班轮近 400 个班次，年均到港外籍轮超 150 艘次。“今年的目标是完成 70 万标箱，三期工程建成使用后，到 2020 年将实现年度 100 万标箱吞吐量。”程梅生说。

利用上海港在安徽省唯一喂给港优势，进一步加强与上港集团的合作。公开数据显示，从芜湖港到上海港不过 480 公里，且水域宽广，吨级货轮 40 个小时就可以直达。2014 年 7 月，皖江物流公司与上港集团签约，成立合资公司——芜湖港务有限责任公司，皖江物流控股 65%，成为上港集团在安徽省的唯一战略合作伙伴。据悉，合资后，港口的班轮密度得到很大的提升，每周始发上海外高桥班轮达 21 艘次，发往洋山港班轮由原先的每周 1—2 班发展到现在的每周 6—8 班。通过与上港集团深度合作，如今芜湖港集装箱吞吐量占据安徽省总量的一半以上，巩固了芜湖港成为安徽省集装箱枢纽港地位。

发挥申芜港联、铁水联运等专业化公司作用，加大航线开辟力度，不断开拓集装箱运输市场。“申芜港联公司与马士基、地中海等世界排名前15位的远洋班轮公司都签订了合作协议，通过国内最大外贸支线班轮公司延伸到上海港，实现芜湖港外贸运输通道通达世界。”申芜港联公司执行董事、总经理武晓介绍，目前芜湖港外贸支线班轮公司有集海、泛亚等国际知名公司，内贸支线班轮公司有江海通、中谷新良等国内知名公司。众多国内外干支线公司的进驻，给芜湖港提供了优质的空箱及国际航线资源，丰富了芜湖港的内外贸航线建设，助力了集装箱物流板块发展。“现在每年都会有1—2家新的班轮公司进驻芜湖港，港口集装箱吞吐量必将‘芝麻开花节节高’。”武晓说。

铁水联运铁路专用线位于皖江物流朱家桥港区内，是长江沿线少有的水铁无缝衔接专用线，全长6.91公里。2016年初，铁水联运公司铁路专用线经中国铁路总公司批准，取得了铁路集装箱运输业务资质。王杰介绍说：“今年5月初我们启动了第一批铁路集装箱业务，这也标志着芜湖港实现了集装箱的公铁水多式联运功能，芜湖港的集装箱多式联运业务必将迎来又一个春天。”

加大港口业务合作，拓展港口业务空间。“我们把合肥港定位为芜湖港的喂给港，把合肥外贸综合码头工程当成在我省主要集装箱货源生成地战略布局的重大项目，目前正加快推进项目前期工作，力争年底前开工。”陈家喜说，“同时，加快推进淮南港项目，力争陆域项目年底前开工。”“随着港口业务在全省各地开花结果，其辐射广度和深度将进一步得到深化，芜湖港的市场竞争力和影响力必将得到进一步巩固。”陈家喜补充说。

前景如何？

——芜湖港既是长江经济带枢纽港，又是连接“一带一路”的重要节点，与国家三大发展战略中的两个紧密相连，发展机遇和潜力不言而喻。

串起6300公里长江流经的上海、江苏、浙江、安徽、江西、湖北、湖南、重庆、四川、贵州、云南11个省市，人口和经济总量均超过全国的40%，一个活力无限的万里经济带正在崛起——这就是长江经济带。

发端于中国，贯通中亚、东南亚、南亚、西亚乃至欧洲部分区域，东牵亚太经济圈，西系欧洲经济圈，覆盖约44亿人口，人口和经济总量分别占全球的63%和29%——这就是“一带一路”。

长江经济带、“一带一路”与京津冀协同发展战略一起共同构成国家三大发展战略。而皖江物流芜湖港，既是区域性枢纽港，又是通过上海港连接“一带一路”倡议的重要节点，与国家三大发展战略中的两个紧密相连，区位优势得天独厚，蕴含着无限的发展机遇和发展潜力。

长江流域目前是世界上人口最多、产业规模最大、城市体系最为完整的流域。依托长江黄金水道打造中国经济新支撑带，是国家层面的重大战略决策。为落实好国家依托黄金水道推动长江经济带发展的战略部署，《长江经济带发展规划纲要》2016年9月正式印发，确立了长江经济带发展新格局。同年，《安徽省“十三五”物流业发展规划》正式印发，明确提出到2020年，力争全省物流业增加值比2015年翻一番，超过2500亿元，基本建成现代物流业产业体系，将我省打造成为“一带一路”和长江经济带的重要物流枢纽。

目前，安徽省已初步形成以长江为依托的内河水运体系，黄金水道作用凸显。芜湖港作为长江溯水而上最后一个万吨级深水良港，安徽省最大的货运、外贸、国际集装箱中转港，连接“一带一路”的重要节点，如何在国家战略中把握自身发展机遇，大有可为。

业内人士认为，皖江物流公司已经站上新的发展起点。抓住国家、省、市相关政策机遇，发挥沿江近海、承东启西的区位优势，加强与周边地区基础设施的互联互通，与上下游地区广泛构建合作链条，进一步巩固芜湖港在长江干线的航运枢纽地位，为皖江区域发挥黄金水道优势、加快产业转型升级，提升外向型经济发展水平，打造经济升级版提供强有力支撑，皖江物流必将迎来新的辉煌，实现新的跨越。

参考文献

[1] LI Tan, L Wang, Y Wang. Research on Synergetic Development Between Efficiency of Port Logistics and Its Hinterland Economy in Liaoning Province [J] . Economic Geography, 2012, 9 (32): 109 –113.

[2] Benjamin. S. Blanchard. Logistics Engineering And Management. Prentice Hall, Inc. 1998.

[3] Satoshinoue. Towards the Framework of Port Industry for the 21st. OECD' s Maritime Transport Committee (MTC) meeting on 16th July 2002.

[4] Dr. Sung – Woo Lee, Dr. Dong – Wook Song. A Tale of Asia' s World Ports: The Spatial Evolution in Global Hub Port Cities. Geoforum, 2008 (39): 372 –385.

[5] A. Ronza, S. Carol, V. Espejo. A quantitative risk analysis approach to porthydrocarbonlogistics [J] . JournalofHazardousMaterials, 2006 (128): 10 –24.

[6] Robinson. R. Ports as elements in value – driven chain system, The new Paradigm Maritime Policy & Management [J] . 2002, 29 (3): 241 –255.

[7] Pierre Cariou, Maximo. Q. Mejia Jr. On the effectiveness of port state control inspections [J] . Transportation Research Part, 2008 (4):

491 –503.

[8] Theo E. Notteboom, Willy Winkelmans. Structural changes in logistics: how will port authorities face the challenge? [J] . Maritime Policy & Management, 2001, 37 (5): 22 –24.

[9] Uldall, Gunnar. Hamburg's port and logistics capability: positioned in an expanding Europe [J] . Journal of Commerce, 2004, 28 (1): 71 –89.

[10] Gu Ya – zhu. Development stages of port logistics parks based on port industrial cluster [J] . Navigation of China, 2008, 31 (3): 298 – 302.

[11] Liu John, Wang Ziping, Yao Dong – Qing, Yue Xiaohang. Transaction cost analysis of supply chain logistics services: firm – based versus port – focal [J] . Journal of the Operational Research Society, 2016, 2 (67): 176 –186.

[12] 李天宇. 对我国港口标准化建设的思考 [J] . 港口经济, 2013 (04): 23 –24.

[13] 王进. 发展口岸物流深化辽宁沿海经济带的建设 [J], 中国市场, 2008 (49) .

[14] 聂琦. 论港口在现代物流中的地位与作用 [D] . 上海海运学院, 2000.

[15] 王智利. 提升现代港口竞争力途径初探 [J] . 学术交流, 2007 (1) .

[16] 靳会新. 发展口岸物流业促进口岸经济增长 [J] . 俄罗斯中亚东欧市场, 2008, (2): 40 –45.

[17] 胡云超. 港口物流与城市经济协同发展研究 [D] . 北京交通大学, 2009.

[18] 冯祥. 云南边境口岸物流体系建设研究 [D]. 云南财经大学, 2009.

[19] 弗朗索瓦, 佩鲁. 增长极概念 [D]. 北京: 中国人民大学出版社, 1988 (8): 1-58.

[20] 颜鹏飞, 马瑞. 经济增长极理论的演变和最新进展 [J]. 福建论坛 (人文社会科学版), 2003 (01).

[21] 张廷龙, 周桂琴. 皖江港口群融入国家战略布局对策 [N]. 安徽日报, 2016-02-16 (07).

[22] 李瑞芳. 我国制造业集聚与大气污染关系的实证分析 [D]. 河南师范大学, 2012.

[23] 安徽省人民政府办公厅关于印发安徽省"十三五"物流业发展规划 [N]. 安徽省人民政府网站, 2016.

[24] 路璐. 马鞍山港竞争力评价研究 [D]. 安徽工业大学, 2014.

[25] 张振华, 张胜权. 基于SWOT分析的芜湖港口物流发展策略研究 [J]. 中国水运, 2012 (1).

[26] 肖尚俊. 铜陵市港口经济发展存在的问题及对策 [J]. 港城发展, 2014 (10).

[27] 张伟. 服务型政府视角下海事职能的转变——以安徽省地方海事为例 [D]. 安徽大学, 2011.

[28] 姚慧. 加快构建安庆港经济开发区 [J]. 中国水运, 2008 (03).

[29] 合肥港二类水运开放口岸获批, 将促进通江达海战略发展. [EB/OL] http: //365jia.cn/news/2014-10-24/ECA5A0965F7DF5F4.html.

[30] 张德春. 安徽省集装箱码头的布局规划设想 [J]. 中国水

运，2010（11）.

［31］朱宏亮．基于外部资本扩张的沿江港口发展研究［D］．河海大学，2006.

［32］张振华，张胜权．基于SWOT分析的芜湖港口物流发展策略研究［J］．2012（01）.

［33］罗芳．长三角港口群协调发展研究研究［D］．长春：吉林大学，2012.

［34］吴慈生．池州市承接产业转移示范区建设的对策研究［D］．合肥工业大学，2011.

［35］市开放型经济发展情况调研报告［EB/OL］．http：//bg. yjbys. com/diaoyanbaogao/38224. html.

［36］杨永义．珠三角港口物流竞争力评价和竞合策略研究［D］．浙江：浙江大学，2009.

［37］李闽榕．区域经济发展视角下的区域性综合物流中心建设研究——以厦门港口物流中心为例［J］．福建论坛（人文社会科学版），2010（03）.

［38］王小平，沈宏宾．我国港口物流的现状及发展趋势［J］．物流工程与管理，2009（07）.

［39］中国口岸协会．中国口岸与改革开放［M］．北京：中国海关出版社，2002.

［40］武志谦．关于建设武汉地区物流中心的研究［D］．武汉理工大学，2006.

［41］胡华敏．江西省口岸物流中心建设研究［D］．南昌大学，2011.

［42］柴贤龙．国际物流中心的内涵、类型和运行模式［J］．浙江经济，2005（05）.

[43] 姜晓燕. 江西省口岸物流体系的评价与对策研究 [D]. 南昌大学, 2011.

[44] 柴国君; 李丹. 内蒙古陆路口岸物流集聚区发展研究 [J]. 财经理论研究, 2014 (02).

[45] 雷宏. 优化岸线资源利用 促进港口科学发展 [J]. 中国港口, 2009 (06).

[46] 黄学良. 由德国港口物流业看池州港发展的策略研究 [J]. 中国港口, 2011 (12).

[47] 刘远征. 供应链一体化与我国口岸物流发展研究 [D]. 北京: 对外经贸大学, 2003.

[48] 温耀庆. 论我国口岸物流与港口物流中心建设 [J]. 对外经贸大学学报, 2004 (5): 16-17.

[49] 梁登攀, 赵一飞. 我国口岸物流信息平台建设存在问题与发展策略 [J]. 工业工程和管理, 2006 (1): 116-119.

[50] 陈涛. 洋山保税港区口岸物流发展策略研究 [D]. 上海: 同济大学, 2008.

[51] 魏娟. 草原丝绸之路经济带内蒙古中蒙俄口岸物流发展研究 [J]. 物流科技 2016 (2): 12-16.

[52] 张必清. 边境口岸物流与载体城市经济协调发展的实证分析——以云南河口口岸为例 [J]. 大理学院学报, 2014 (1): 20—25.

[53] 张顺. 检验检疫促进口岸物流发展的措施及对策 [J]. 中国检疫, 2012 (9): 23-24.

[54] 何娜; 李娜. 闽南地区港口物流协同发展策略研究 [J]. 哈尔滨商业大学学报, 2012 (5): 78-80.

[55] 皋炳华; 卢璐. 长三角区域港口物流竞合发展研究研究 [J]. 改革与开放, 2013 (7): 16-17.

[56] 何娴．环渤海经济圈港口物流协同发展研究［D］．武汉：武汉理工大学，2010.

[57] 杜明军．大连港建设第五代物联网智慧港口发展模式研究［D］．大连：大连海事大学，2014.

[58] 戴金山，肖汉斌．我国集装箱口岸物流能力的实证分析［J］．武汉理工大学学报，2014（6）：921－923.

[59] 张咪．港口群物流协同模式研究［D］．武汉：武汉理工大学，2011.

[60] 卢珂．江苏沿海港口物流协同机制研究［D］．徐州：中国矿业大学，2015.

[61] 钱坤．合肥港在皖江港口群定位中的SWOT分析［J］．中国水运，2015（4）：21－22.

[62] 詹应线．芜湖港发展思考［J］．水运管理，2011（4）：1－4.

[63] 周煜明．铜陵市港城一体化建设问题对策研究［D］．合肥：安徽大学，2011.

[64] 张方旭．长三角内河港口群协同发展研究［D］．青岛：中国海洋大学，2015.

[65] 贾玮玲．安徽省港口群联动发展研究［J］．经济与管理，2015（5）：87－88.

[66] 张义．新疆霍尔果斯口岸经济研究［D］．北京：中央民族大学，2013.

[67] 毕磊；陈键．中国已拥有293个口岸，水运口岸135个航空口岸68个［EB/OL］http：//finance.people.com.cn/n1/2016/0418/c1004－28282426.html，2016－04－08.

[68] 毛霞云．基于第四代港口理论的内河战略分析［D］．上海：

上海交通大学，2008.

[69] 董帮友．发挥水运优势规划建设合肥（港）综合保税区 [J]．中国水运 2012（10）：38－39.

[70] 姜晓燕．江西省口岸物流体系的评价与对策研究 [D]．南昌：南昌大学，2011.

[71] 林国龙，黄有方；杨权斌．口岸物流综合环境的优化与建构 [J]．上海海事大学学报，2006（4）：54－55.

[72] 王金圣．供应链及供应链管理理论的演变 [J]．财贸研究 2003（03）：65－67.

[73] 杨雪晶．港口物流战略联盟研究－以嘉兴港为例 [D]．南昌：江西理工大学，2011.

[74] 王海萍．供应链管理理论框架探究 [J]．经济问题 2007（01）：16－18.

[75] 熊杰，王富喜．基于区域范围的供应链管理模式研究 [J]．物流技术 2009（07）：189－190.

[76] 吴价宝，卢珂．基于多主体的港口物流协同机制研究 [J]．中国管理科学 2014（11）：440－442.

[77] 杨辉．我国港口物流一体化整合模式研究 [D]．天津：天津大学，2009.

[78] 路凌云．长江经济带建设中发展合肥水运的建议 [J]．水运管理，2015（09）：06－07.

[79] 沈宫石．芜湖依托黄金水道壮大港口经济 [N]．安徽日报，2014－12－06（02）.

[80] 胡茂安，张世界．合肥六成博士“汇智”六大主导产业 [EB/OL]．http：//ah. anhuinews. com/system/2014/08/04/006504715. shtml，2014－08－04.

[81] 肖尚恩. 铜陵市港口经济发展存在的问题及对策 [J]. 港口经济 2014 (10): 26-27.

[82] 张继良. 港口物流系统竞合研究 [D]. 北京交通大学, 2012.

[83] 以上安徽省人民政府批转省口岸办公室关于进一步加快皖江口岸发展若干意见的通知——法律快车法律法规 [EB/OL] http: //law. lawtime. cn/d509268514362. html.

[84] 国际航运巨头马士基首航安庆港 [EB/OL] _ 新闻中心_ 中国网 http: //news. china. com. cn/rollnews/news/live/2014-11/19/content_ 29912431. htm

[85] 刘丹, 彭阔东. 福建省发展港口物流的优势、问题及对策分析 [J]. 太原城市职业技术学院学报, 2013 (11).

[86] 林桂珠. 福州港口物流发展策略探析 [J]. 佳木斯职业学院学报. 2015 (11).

[87] 仲潇.《现代物流技术在电子商务中的应用分析》[J]. 中国电子商务, 2012 (17).

[88] 芜湖水运口岸. 安徽省商务厅口岸管理处. (2014-02-26) [EB/OL] http: //kac. anhui. mofcom. gov. cn/article/sjrenyuanfengong/ztfenxi/201402/20140200500193. shtml.

[89] 芜湖临港经济迎来最好的时代. 中安在线. (2015-09-29) [EB/OL] http: //www. chinawuliu. com. cn/information/201509/29/305638. shtml.

[90] 张振华, 张胜权. 基于 SWOT 分析的芜湖港口物流发展策略研究 [J]. 中国水运, 2012 (1).

[91] 程梅生, 孙凤山. 刍议芜湖港集装箱物流发展优势、现状和途径 [J]. 当代经济, 2015 (4): 41-47.

[92] 孙颖荪．芜湖港物流现状分析与发展对策的探讨 [J]．中国商贸，2011 (11)：134－135.

[93] 詹应线．芜湖港发展思考 [J]．水运管理．2011，33 (6)：1－4.

[94] 韩媛媛．皖江城市带建设下芜湖市物流业发展策略研究 [J]．兰州教育学院学报，2013，29 (10)：52－54.

[95] 邱正来，李新剑．芜湖市物流产业发展现状与对策研究 [J]．科技视界，2015 (10)：14.

[96] 詹应线，宋春华．芜湖港现代物流发展策略 [J]．中国港口，2013 (2)：46－48.

[97] 佟家栋．中国自由贸易实验区的改革深化与自由贸易港的建立 [J]．国际商务研究，2018 (1)：13－18.

[98] 胡蓉，干春晖，李华东．上海自由贸易港海关监管制度构建初探——基于舱单视角 [J]．海关与经贸研究，2017 (6)：12－24.

[99] 崔卫杰．正确认识自由贸易港的发展方向 [J]．海外投资与出口，2017 (6)：8－12.

[100] Y. Hayuth. Inland container terminal function and rationale. Maritime Policy and Management, Vol. 7, No. 4, 1980, pp. 283－289.

[101] Y. －C. Yang. A Comparative Analysis of Free Trade Zone Policies in Taiwan and Korea based on a Port Hinterland Perspective. The Asian Journal of Shipping and Logistics, 2009 (25): 273－303.

[102] Mangi S. H. Role of Free Economic Zones in the Economy. Business Recorder, 2011.

[103] 王蕾，薛国梁，张红丽．基于 DEA 分析法的新疆北疆现代物流效率分析 [J]．资源科学，2014 (7)：1425－1433.

[104] Rogers K J Evaluating the Efficiency of 3PL Logistics Operation

[J]. International Journal of Production Economics, 2007 (5): 1-10.

[105] 王琴梅，谭翠娥. 对西安市物流效率及其影响因素的实证研究——基于DEA模型和Tobit回归模型的分析 [J]. 软科学，2015 (5): 70-74.

[106] 倪程程，林国龙. 基于DEA模型的上海国际航运中心物流效率的比较研究 [J]. 武汉理工大学学报 (交通科学与工程版)，2012 (4): 857-860.

[108] 中国 (上海) 自由贸易试验区 [EB/OL] http://www.china-shftz.gov.cn/PublicAnnouncementList.aspx? GTID=504F13C3-7CB4-4B79-BBFB-73847EC6CE38&CID=BF05B061-B6C5-4BD6-BAAD-93263B9085F6&MenuType=2&subMenuID=2&tagIndex=2&govMainTagIndex=4&govSubTagIndex=1&navType=0.

[109] 刘晓燕. 无锡综保区与上海自贸区海关监管创新制度对照分析 [J]. 物流工程与管理，2016 (3): 50-54.

[110] 国务院关于印发全面深化中国 (上海) 自由贸易试验区改革开放方案的通知 [EB/OL] 上海频道-东方网 http://sh.eastday.com/m/20170331/u1ai10474036.html.

[111] 2014年上海市国民经济和社会发展统计公报 (2015年3月27日) [EB/OL] http://www.shanghai.gov.cn/nw2/nw2314/nw2319/nw11494/nw12335/u21aw994813.html.

[112] 李红锦，李胜会. 基于DEA模型的城市群效率研究——珠三角城市群的实证研究 [J]. 软科学，2011 (5): 91-95.

[113] 宋龘龘. 基于DEA方法的港口竞争力评价研究 [D]. 大连海事大学，2010.

[114] 傅岚. 国际物流市场竞争趋势对我国企业的启示 [J]. 经济导刊，2010 (3): 70-71.

［115］郭婧婷．交通领域基建加速落成 大步迈向交通强国［N］．中国经营报，2017.10.23：A03.

［116］姜旭：如何培养复合型物流人才？［EB/OL］http：//mp.weixin.qq.com/s?__biz=MjM5MTczMTM5Mw%3D%3D&idx=2&mid=2649853355&sn=453832b95bd1f78a9dcc547db9f132df.